SPORT
VERLAG
BERLIN

Jürgen Kalwa

TIGER WOODS

Charisma für Millionen

Sportverlag Berlin

Lektorat: Julia Niehaus

Satz: LVD GmbH, Berlin
Druck und Bindung: Clausen & Bosse, Leck
Printed in Germany 1998
ISBN 3–328–00827–6

Gedruckt auf alterungsbeständigem Papier
mit chlorfrei gebleichtem Zellstoff

Die Deutsche Bibliothek – CIP-Einheitsaufnahme
Kalwa, Jürgen:
Tiger Woods : Charisma für Millionen / Jürgen Kalwa. –
Berlin : Sportverl., 1998
ISBN 3-328-00827-6

Inhaltsverzeichnis

EINLEITUNG

Warum ein Buch über einen 22jährigen Golfer?

Es wird der Tag kommen, und dann wird er es wissen. Er wird sich auf die Höhepunkte seiner Karriere besinnen und im Kopf noch einmal die wichtigsten Ereignisse zusammenrechnen. Die Siege beim Masters in Augusta, wo sein Stern im Frühjahr 1997 aufging, als wäre er der neue Elvis Presley. Und die Triumphe bei den anderen Majors, die in jedem Sommer die Höhepunkte des Golf-Kalenders bilden.

Er wird einen Strich unter die Resultate bei den Ryder-Cup-Begegnungen ziehen und sich an die Match-Play-Duelle mit den besten Europäern erinnern. Er wird die siebenstelligen Beträge überschlagen, die er jedes Jahr an Preisgeldern verdient hat, und dann mit der für ihn typischen Entschiedenheit Bilanz ziehen und erklären, wie das Fernduell mit den großen Legenden Jack Nicklaus, Bobby Jones und Ben Hogan ausgegangen ist. Ob ihm tatsächlich gelungen ist, wovon er als kleiner Junge geträumt hat: als bester Golfspieler aller Zeiten in die Sportgeschichte einzugehen. Oder ob seine Laufbahn durch den Druck der Erwartungen einer ganzen Nation in ein handlicheres Format zusammengepreßt wurde und er sich in der Ruhmeshalle des Sports mit einem Platz in der zweiten Reihe begnügen muß.

Zu welchem Ergebnis er bei seinem Rückblick auch

immer kommen wird – wir werden es ebenfalls wissen. Denn mit seinem Erscheinen ist eine Sportart, die früher allenfalls eine Handvoll von Experten zu begeistern vermochte, zu einem Ereig-nis geworden, das die Massen beschäftigt. Eldrick Woods, genannt »Tiger«, der Weltsportler des Jahres 1997 und gegenwärtig die Nummer 1 der Computer-Weltrangliste, hat eine ungewöhnliche Fangemeinde zusammengebracht. Auf der einen Seite die Insider: die exklusive Golf-Gesellschaft mit ihren noblen Country Clubs, den prachtvollen, gepflegten Plätzen und dem aristokratischen Gestus. Auf der anderen die Outsider: eine kunterbunte Gruppe von Neugierigen, die sich bis vor kurzem nicht im Traum vorgestellt hätten, sich für ein Spiel zu interessieren, das neben Reiten und Polo der Inbegriff des Reichen-Sports ist.

Bis feststeht, wie gut er wirklich ist, werden allerdings noch einige Jahre vergehen. Eine Zeitspanne, in der wir, während er die ganz normalen Höhen und Tiefen einer Sportler-Karriere durchläuft, gelegentlich darüber nachdenken werden, weshalb Tiger Woods eine Beachtung erhält, die gemeinhin nur Figuren zufällt, die der Welt etwas bedeuten – Wohltätern etwa, und Würdenträgern, Wissenschaftlern und Weltverbesserern.

Allein an seiner Art, Golf zu spielen, kann es nicht liegen. Sein eleganter Schwung und seine lockeren Bewegungen verleiten sein Publikum allenfalls dazu, sich für die romantische Idee zu begeistern, einmal im Leben das majestätische Gefühl zu spüren, das bei den großen Turnieren über solch exotischen Orten wie Augusta, St. Andrews oder Pebble Beach schwebt. Sein spielerisches Können inspiriert seine Zuschauer bestenfalls dazu, mit etwas mehr Tiefenschärfe in die

Seele eines altehrwürdigen Spieles zu blicken. Ein Spiel, das heute, nachdem es vor Jahrhunderten an den Küsten von Schottland ein profanes Freizeitvergnügen für jedermann war, mit seinen Herausforderungen an die Charakterfestigkeit der Spieler, seinen mysteriösen Ritualen und dem kuriosen Vokabular so wirkt, als existiere in seinem Kern eine geheimnisvolle philosophische Erkenntnis.

Es muß etwas anderes sein als pure Sportbegeisterung, was die Faszination für den 22jährigen Tiger Woods ausgelöst und die alte Demarkationslinie zwischen den esoterischen Anstrengungen eines Profisportlers und dem Unterhaltungsbedürfnis der Gesellschaft ausradiert hat.

Tatsächlich wäre diese ungewöhnliche Resonanz nicht ohne eine Entwicklung möglich, die sich unaufhaltsam in Amerika ausbreitet, wo eine wachsende Zahl von Athleten, ohne sich je danach gedrängt zu haben, eine Rolle spielt, wie einst Politiker, Professoren und Pastoren. Sie setzen in einem System von Bildschnipseln und Tonhäppchen als neue Leitbilder Zeichen für eine Diskussion um Wertvorstellungen und philosophische Prinzipien. Sie sind, auch dann, wenn sie nicht viel reden und – noch schlimmer – nicht viel zu sagen haben, die Quasi-Ideologen einer neuen Zeit. Einer Epoche, in der demokratische Kulturen in allen sozialen Bereichen nach Leistungshierarchien suchen und sich nach Eliteförderung sehnen. Und in der Spitzensportler vorgaukeln, wie einfach eine solche Gesellschaft funktionieren kann, wenn sie perfekt organisiert wäre: Man spielt und kämpft, akzeptiert alle Regeln und ein paar moralische Grundsätze wie Fairneß und Teamgeist und vertraut darauf, daß man sich auf diese Weise nach oben arbeitet.

Das Besondere an Tiger Woods: Er ist nicht nur ein idealer Prototyp für diese soziologische Umschichtung. Er ragt gleichzeitig – als dunkelhäutiges Wunderkind, das sich über alle Benachteiligungen hinwegsetzen konnte, weil es sein Leben lang nichts anderes getan hat, als Golf zu spielen – aus ihr heraus. Und zwar in einer Weise, die ihn zum ersten ernsthaften Kandidaten dafür macht, die politische Entwicklung, die vor einer Weile in Amerika begann, in andere Teile der Welt zu tragen. Die Voraussetzungen sind günstig. Die Sportart, die er repräsentiert, ist international und verkörpert einen kultivierten Lebensstil. Er hat einen griffigen Spitznamen, einen multikulturellen Background, tadellose Manieren und ein gewinnendes Lächeln. An seiner Seite stehen weltweit agierende Werbepartner, die in Größenordnungen von Milliarden denken. Und nicht zu vergessen: Er besitzt eine unwiderstehliche Art, mit einem Golfschläger umzugehen.

Welchen Einfluß ein Individuum wie Tiger Woods auf das Sozialgefüge im globalen Dorf haben wird und welchen Einfluß das Gefüge auf ihn, läßt sich allerdings noch nicht abschätzen.

Worin besteht eigentlich die Ausstrahlung, die plötzlich eine Generation von Freizeitsportlern animiert, im Streben nach körperlicher Fitneß nicht länger in Turnvereinen, Tennisclubs und auf Trimmpfaden zu verweilen, sondern Golf zu spielen? Was genau bringt Millionen von Fernsehkonsumenten dazu, einen Mann mit einer Nike-Kappe auf dem Kopf dabei zu beobachten, wie er auf einem gepflegten Stück Rasen irgendwo in Amerika einen kleinen Ball in ein nicht viel größeres Loch manövriert? Was inspiriert Kinder, die noch bis vor kurzem davon träumten, in die Fußstapfen des Basketballspielers Michael Jordan zu treten, des reichsten und populärsten Sportlers der Welt, von einer präpotenten phallischen Leidenschaft zu träumen: Golfbälle zu schlagen, die so weit fliegen wie die von Tiger Woods – 300 Meter und weiter? Wer manipuliert eigentlich wen, wenn die Angehörigen der MTV-Generation eine Traditionssportart plötzlich nicht mehr als »elitär« empfinden, sondern als »cool«?

Zum Glück lassen sich einige Antworten bereits skizzieren. Sie finden sich in diesem Buch, das sich darum bemüht, neben dem Werdegang und der sportlichen Sonderstellung von Tiger Woods seinen kommerziellen Stellenwert zu beschreiben – als der gefragteste Werbebotschafter in Amerika. Es schildert seine Versuche, sich nicht von den Verlockungen des Geldes und den Einflüsterungen seiner Ratgeber beeinflussen zu lassen in seinem sportlichen Drang, irgendwann als der größte Golfer aller Zeiten zu gelten.

Wie lange er in der Lage sein wird, sich in dem mächtigen Energiekreislauf aus Sport, Glamour und Werbung zu behaupten, kann niemand sagen. Auch nicht sein redegewaltiger Vater Earl, der das Talent förderte und formte. Idole zehren nicht von der Macht der Marketing-Mechanismen. Sie reflektieren die Stimmungsströmungen einer Welt, die nach neuen Identifikationssymbolen sucht und die ihre Vorbilder nur so lange akzeptiert, wie sie den Ansprüchen genügen.

Nur deshalb sind in den USA in der Vergangenheit immer wieder Sportarten wie aus dem Nichts auf den Radarschirm des öffentlichen Bewußtseins geraten und haben die Massen begeistert. Viele von ihnen sind wenig später in der Anonymität der Resultatespalten der Tageszeitungen verschwunden. Ob Boxen (für die Industriearbeiter und armen Einwanderergruppen), Tennis (für die aufstrebenden Kreise in den wohlhabenden Vorstädten), Basketball (für die Aufsteiger aus den Reihen der benachteiligten schwarzen Minderheit) oder heute Fußball (für die Kinder und insbesondere die Mädchen einer Elterngeneration, die sich über den Wert von Fitneß Gedanken gemacht hat) – stets zeigt sich in den USA die Begeisterung für populäre Sportarten als Trendgeschehen, das geprägt ist von der volkswirtschaftlichen Großwetterlage und dem Klassenbewußtsein der beteiligten gesellschaftlichen Gruppen.

Auch im Golf gibt es hin und wieder Bewegung. So entfachten Arnold Palmer und Jack Nicklaus in den sechziger und siebziger Jahren durch eine reizvolle sportliche Rivalität ein Interesse, das dem Spiel in den USA seinen bis dahin größten Popularitätsschub gab: Golf verließ den engen Rahmen privater Clubs und breitete sich auf den Fernsehbildschirmen aus, wo wohlhabende Sponsoren und Werbekunden das Spiel zu einer teuren Sportart für die obere Mittelschicht umetikettierten sowie für eine Armee von Pensionären, die sich in den wärmeren Bundesstaaten in auf der grünen Wiese entstandenen Rentner-Paradiesen ansiedeln.

Dreißig Jahre später, in einer Zeit, die von leidlich erfolgreichen Golfspielern wie dem charmanten Australier Greg Norman geprägt wurde, der dank seines guten Aussehens Millionen von Dollar verdient, oder dem Amerikaner John Daly, einem schwergewichtigen Mann mit Depressionsanfällen und Alkoholproblemen und einem Spiel, das auf roher Kraft basiert, stand die Sportart in den USA vor einer neuen Wachstumsphase. Doch weder Norman noch Daly noch die besten Europäer wie Bernhard Langer oder Nick Faldo besitzen das gewisse Etwas, das man braucht, um eine Identifikationsfigur für ein großes Publikum zu werden.

So stieß der dunkelhäutige Tiger Woods in eine Lücke, als er im September 1996 seine Amateurlaufbahn beendete und Profi wurde. Seitdem hat er mit seinem Spiel, seiner Ausstrahlung und seinen druckreifen Sätzen die Koordinaten für Charisma und Charakter verschoben, jene zwei hohen Cs, mit denen jemand im Zeitalter siebenstelliger Gagen zum Sympathieträger wird.

Zu keinem besseren Zeitpunkt hätte der Ausnahmegolfer die Szenerie betreten und eine Sportart für sich reklamieren können, in der ein Sinn für Traditionspflege, Fairneß und Sportsmanship regiert. Zwar schien er mit seinen explosiven Schlägen zuerst nur das konventionelle Denken der auf »Bogeys« und »Birdies«, »Fairways« und »Greens« fixierten Golfgemeinde zu testen. Doch seit dem Gewinn des US-Masters 1997 haben Millionen von Menschen in der von einem willensstarken Vater, einem ehemaligen Elitesoldaten, angetriebenen, ehrgeizigen Golfer-Persönlichkeit »Tiger Woods« etwas entdeckt, das ihre Fantasie beflügelt.

Weshalb?

Woods unterscheidet sich auf angenehme Weise von den tätowierten, muskelbepackten, dopingverdächtigen, mit Werbeaufschriften plakatierten Sport-Millionären, für die Sport nur noch ein Varieté der Freaks und Primadonnen ist. Woods wirkt wie ein ganz normaler Mensch. Einer wie wir.

Das heißt: Ganz genau wie wir sieht er natürlich nicht aus. Seine Gesichtszüge und seine dunkle Hautfarbe sind das Ergebnis eines ethnischen Cocktails aus Afrika und Asien. Doch im Amerika der neunziger Jahre, in dem schwarze Athleten die populären Mannschaftssportarten Basketball und Football dominieren und im Baseball zu den Höchstverdienern gehören, wirkt eine solche Herkunft eher als Plus. Schwarzsein ist für einen Athleten in Amerika so etwas wie ein Personalausweis. Ein Emblem für ein Leben, in dem die Motivation für den Erfolg im Sport und der Kampf um Anerkennung und gesellschaftlichen Aufstieg miteinander verschmelzen. Das ist der Grund, weshalb sich niemand wundert, daß Tiger Woods auf einem Vulkan aus Ehrgeiz sitzt und bereits mit 17 Erwartungen an sich selbst hatte, die alles andere als den totalen Erfolg als Versagen betrachten: »Mir reicht es nicht, der beste schwarze Golfspieler zu sein«, sagte er, nachdem er noch als Amateur zum ersten Mal gegen die namhaften Profis gespielt hatte. »Ich will der beste von allen werden.«

Die Welt hätte angesichts solcher Ankündigungen gewarnt sein müssen. Doch tatsächlich war sie auf die Wucht der Ereignisse nicht vorbereitet: In den vier Tagen von Augusta 1997 bewegten sich die Woodschen Persönlichkeits-Ebenen wie tektonische Platten bei einem Erdbeben – gleichzeitig und mit Macht. Nie hatten so viele Menschen auf einmal das Finale eines Golfturniers eingeschaltet – über zwanzig Millionen. Und noch nie hatte eine Golfübertragung so viele Nicht-Golfer angelockt. Was daran lag, daß jeder, der live am Bildschirm sah, wie Tiger Woods seine Überlegenheit demonstrierte, mit Schlägen, die wie ferngesteuert wirkten, zu spüren schien, was geschah. Eine Versammlung von machtlosen Golfern, die vier Tage lang um ihre Reputation rangen, bis alle resignierten und einsahen, daß sie in einem Schauspiel gefangen waren, in dem sie Darsteller und Kulisse zugleich waren. Alles auf dieser Bühne lief anders ab, als man es gewohnt war: Es siegte Schwarz gegen Weiß, Außenseiter gegen Insider, Lehrling gegen Meister. Mehr noch: Es triumphierte nach dem letzten Putt, als sich Sohn und Vater in den Armen lagen, die Emotionalität über den zugekorkten Habitus alter Pokerface-Golfer. Der spitzzüngige Fernsehkommentator Johnny Miller, der ähnlich hoch gehandelt wurde wie Woods, als er noch etwas jünger war, ahnte, was dieser Moment auslöste: eine neue Ära, in der Golf das produziert, was jahrelang gefehlt hatte: »Star-Power«.

»Es wird immer Dinge geben, die mich und jeden anderen auch bei Tiger anstinken«, erklärte ein PGA-Profi später. »Einen Teil davon muß man wahrscheinlich als Neid bezeichnen. Aber er hat uns allen eines gezeigt: Wenn er antritt, gehst du besser aus dem Weg.«

Es wäre ebenso klug, jenem Phänomen aus dem Weg zu gehen, das man in den USA nicht erst seit Anfang 1998, als im chinesischen Kalender das Jahr des Tigers anbrach, mit dem Wort »Tigermania« umschreibt. Eine Obsession, die selbst Menschen infizieren kann, die noch nie einen Golfplatz betreten haben, geschweige denn die Feinheiten eines Spiels verstehen, das weitaus subtiler ist, als es das Fernsehen mit seinen Kamerakränen und flüsternden Kommentatoren darstellen kann. Eine Manie, die Golf-Amateure auf allen Kontinenten befällt, weil sie mit einem Blick das enorme technische Können erkennen und die verblüffenden Abschläge, das turmhohe, präzise Anspielen der Fahne und die kaltblütigen Putts bewundern. Genauso wie jenen eleganten Bewegungsablauf, den jemand mal als »das reinste Destillat des Jedermann-Schwungs« gefeiert hat.

Geographische Unterschiede sorgen dafür, daß die Tigermania sich unterschiedlich rasch fortpflanzt. In den USA, wo sich plötzlich Football-Fans und Mütter mit Kinderwagen unter die typische Polohemden-Klientel mischen, hat sie zu Rekordbesucherzahlen bei den Turnieren der PGA-Tour geführt, wo sich Golf als zuschauerfreundliche Sportart präsentiert und dem Fan erlaubt, während einer Runde sein Idol aus nächster Nähe zu erleben. Manche sind verblüfft, wenn sie ihn sehen. »Oh, mein Gott, er ist so süß«, hat Woods mehr als einmal gehört, wenn er am Spalier der Zuschauer vorbeimarschiert.

Aber diese Begeisterung ist nur ein Teil der Entwicklung. Seine Technik, die auf einer feingeschliffenen Bewegungsroutine und einer enormen Beweglichkeit in den Schultern und im Becken beruht, animiert viele, einen Golfschläger in die Hand zu nehmen, und hat für deutliche Umsatzzuwächse in den Fachgeschäften gesorgt. Erstmals fühlen sich auch Angehörige von ethnischen Minderheiten sowie Frauen und Teenager angesprochen und haben Lust, auf die Driving Range zu gehen und das Spiel zu lernen. »Manchmal denkt man, er sei der Papst«, witzelt seine Mutter, eine Buddhistin.

In Asien – vor allem in Thailand, dem Heimatland seiner Mutter – ähnelt die Begeisterung der Verehrung für Pop-Stars. Demgegenüber überwiegt in Deutschland oder im Golf-Mutterland Großbritannien und dem Rest Europas noch immer ein reservierter Respekt. Etwas, was dem Klima jener gesellschaftlichen Landschaft entspricht, aus der das Golfspiel vor hundert Jahren kam. Die Haltung entspringt einer Skepsis gegenüber allen amerikanischen Medienphänomenen, die mit Fanfarenstößen via Satellit über den Atlantik nach Europa posaunt werden. »Neun Monate«, meinte der British-Open-Gewinner Nick Price vor dem Ryder-Cup-Debakel in Spanien, als ein schwacher Woods seiner Mannschaft die Chance auf den Pokal verbaute, »sind keine Karriere. Tiger hat noch eine ziemliche Strecke vor sich.«

Die Zurückhaltung ist berechtigt. Denn die Einflüsse, die bestimmen, ob ein Golf-Profi, der bei fast jedem Turnier gegen die besten Spieler der Welt antreten muß, kontinuierlich zur Spitze gehört, sind mannigfach. Sie reichen von der Leistungsdichte und dem Modus – vier Tage und vier Runden in einem Zählwettspiel, in dem man mehr gegen den Platz kämpft als gegen die Konkurrenz – und der inneren Verfassung bis hin zu dem individuellen Energiereservoir, das jemanden dazu befähigt, angesichts der vielen kleinen Schritte das große Ziel nicht aus den Augen zu verlieren.

So gesehen käme jedes Buch über einen Sportler, der seine Karriere noch vor sich hat, zu früh. Doch dieser Einwand ignoriert, daß sich vor unseren Augen die Vita des ersten Übersportlers des 21. Jahrhunderts entfaltet. Eine Figur, dessen Herkunft außerhalb der USA nur in holzschnittartigen Details bekannt geworden ist und deren Karriere nach einem eindeutigen Muster verläuft. Keiner seiner bisherigen Erfolge – darunter der dreifache Gewinn der US-Amateurmeisterschaft, der Masters-Sieg und Platz eins der Weltrangliste – waren Zufälle.

Hinter den Werbeverträgen, die ihn auf einen Schlag zu einem der reichsten Athleten in der Welt gemacht haben, und hinter den Siegen verbirgt sich die erstaunliche Geschichte einer Ausbildung zu einem neuen Beruf: der des Champions. Eine Geschichte, die verdeutlicht, was jemand mitbringen muß, wenn er als Angehöriger einer ethnischen Minderheit in eine Welt hineindrängt, die seinesgleichen bis dahin nur als Köche und Caddies kannte.

Im Laufe der Arbeit an diesem Buch fiel mir ein Satz ein, den David Remnick, heute Chefredakteur des angesehenen amerikanischen Magazins *New Yorker* und früher einer der besten Autoren des Blattes, geprägt hat: Sportbiographien, so schrieb er, ähnelten leider gewöhnlich »jener anderen Form von literarischem Schweinefraß, der Hollywood-Lebensbeichte«. Die Schwächen des Genres sind bekannt. Sie spiegeln das Dilemma einer Sportberichterstattung wieder, in der viele Journalisten, selbst die kritischen, im Laufe der Jahre jede Distanz verlieren. Statt die wirklich relevanten Vorgänge zu beschreiben, pflegen sie mit ihren Artikeln einen Starkult, der längst Dimensionen erreicht hat, wie man sie früher nur aus dem Umgang mit Filmschauspielern und Rockstars kannte. Stoff gibt es schließlich genug.

Tiger Woods ist von klein auf Teil dieser Mythenmaschine gewesen und wird weiterhin dafür sorgen, daß sie wie geschmiert läuft. »Ich weiß, ich kann damit umgehen, egal, wie groß die Geschichte wird. Ich bin unter den Augen der Medien groß geworden, aber ich habe dabei gelernt, nicht zu vergessen, woher ich komme.«

Daß die Öffentlichkeit alles über ihn wissen will, wundert ihn deshalb auch gar nicht. Er ist mit seiner

Rolle im Reinen. »Mein Leben ist ein offenes Buch«, hat er im Vorwort zur Autobiographie seines Vaters geschrieben. Ein Leben, das ihm mittlerweile alles bietet, was er sich gewünscht hat. Er verdient mehr Geld, als er ausgeben kann. Seine Ego-Probleme sind vergleichsweise minimal. Denn in seiner Welt dreht sich alles um ihn. Und zwar mit einem Tempo, das einem jungen Menschen, der es liebt, Achterbahn zu fahren, den Nervenkitzel eines Vergnügungsparks bietet.

A propos Buch. Allein in den USA sind in den letzten Monaten mehr als zehn Bücher erschienen, die den Woods-Boom mit einer Flut an biographischem Material anheizen. Bedauerlicherweise bemühen sich die wenigsten darum, das Phänomen zu erklären. Sie feiern es einfach und tun so, als seien sportliche Erfolge das einzige, was einen so ungewöhnlichen Menschen wie Tiger Woods ausmache.

Im Grunde fängt die Beschäftigung mit ihm an diesem Punkt erst an. Weshalb dieses Buch, das erste über ihn in deutscher Sprache, darüber hinausgeht. Es beschreibt zwar die wichtigen Stationen im Leben eines jungen Menschen, der außerhalb von Elternhaus, Schule und College sowie den Hunderten von Golfplätzen, die er besucht hat, noch nicht viel erlebt hat. Und es schildert die Ereignisse von Augusta, wo der junge Woods Millionen von Zuschauern in seinen Bann schlug. Aber es beschäftigt sich ebenso mit den wirtschaftlichen und gesellschaftlichen Hintergründen eines Landes, das im Abstand von zehn bis fünfzehn Jahren einen Spitzensportler mit der Ausstrahlung eines Tiger Woods aus der Anonymität heraus und ins Rampenlicht katapultiert.

Das Buch wäre nicht entstanden, wenn mir nicht die Sport-Ressorts der *Frankfurter Allgemeinen Zeitung* und des *Tages-Anzeigers* in Zürich die Gelegenheit gegeben hätten, mich intensiv mit dem Thema zu beschäftigen. Für die jahrelange Unterstützung möchte ich mich bei dieser Gelegenheit bedanken. Ebenso verpflichtet fühle ich mich dem Sportverlag Berlin und dessen Lektorat, dessen Engagement das Projekt möglich gemacht hat.

Golfspieler sind Menschen, denen jeder Schlag die Grenzen ihres Könnens bewußt macht und die trotzdem unverdrossen von dem Tag träumen, an dem sie alle physikalischen Gesetze überlisten und den kleinen Ball mit purer Willenskraft in die richtige Richtung bewegen werden. Und die aus diesem Grund zurückkehren, am ersten Abschlag stehen und auf ein Wunder hoffen. In diesem Gefühl fühle ich mich all denen verbunden, die mir das Spiel nahegebracht und auf diese Weise das Fundament für dieses Buch (und ein Handicap von 25) gelegt haben: Bernd Dörler, Bill Fox, Ely Callaway, die Mitglieder des Norfolk Country Club in Connecticut (meinem Heimatclub, wo man weiß, wie man den berühmten Spruch von Winston Churchill ganz leicht ad absurdum führt – indem man sich den Spaziergang im Grünen nicht von übertriebenen Ambitionen verderben läßt) und Doris Chevron. Zusammen mit ihr ist das ganze Leben ein Spaziergang, auf dem eine Runde Golf manchmal wie ein Umweg aussieht. Aber der Eindruck verschwindet, sobald man im Spiel selbst aufgeht und eine wunderbare Mischung aus Meditation und Metamorphose erlebt, von der man jedes Mal eine wichtige Erkenntnis mitnimmt: Die Zeit, in der man Einsichten über sich selbst und das Leben gewinnt, ist nicht vertan.

New York, im August 1998

1. Kapitel

»Hallo, Welt.«: Die Vita eines Wunderkindes

Unbeschwerte Zeitgenossen, die am ersten Abschlag im Riviera Country Club von Los Angeles stehen, rund 25 Meter oberhalb des Fairway, beschleicht bisweilen das Gefühl, daß der Hügel eher wie eine Einladung an einen Drachenflieger aussieht und nicht wie der Ausgangspunkt für eine Runde Golf. Es sei denn, man vergleicht den Hügel, auf dem in jedem Frühjahr eines der traditionsreichen Turniere der PGA-Tour beginnt, mit einer Startrampe. Ein Gedanke, der im März 1992 einige der Zuschauer beschlich, die einen jungen schmächtigen Spieler erlebten, der sein Dreier-Holz nahm und den Ball 250 Meter weit Richtung Fahne beförderte.

Es war Donnerstagmorgen. Und eigentlich hätte der Junge in der Schule sein sollen. Auf dem Stundenplan stand Geometrie. Winkelberechnungen waren an der Reihe. Doch der Lehrer hatte Verständnis, daß sich der Schüler Eldrick Woods abgemeldet hatte. »So etwas Ähnliches wie Winkelberechnungen stellt er ja auch auf dem Golfplatz an.«

So etwas Ähnliches. Am Tag zuvor, beim Training, hatte er zum Driver gegriffen und den Ball in einem weiten Bogen nach links Richtung Sponsoren-Zelte ins Aus katapultiert. Daß aus diesem Winkel in Riviera kein Kapital zu schlagen sein würde, sah Tiger

Woods von seinem Ausguck sofort. Aber er erkannte auch den Grund für den Fehler: »Ich war so angespannt. Ich konnte kaum meinen Schläger festhalten. Das war ja so, als wäre ich von der Totenstarre befallen.«

Für die emotionale Verfassung des 16jährigen Burschen gab es natürlich einen Grund. Zwar hatte Tiger Woods schon an zahlreichen Turnieren teilgenommen und sogar eine Menge von ihnen gewonnen, darunter die amerikanische Juniorenmeisterschaft. Diese Situation jedoch war Neuland für ihn: Es war sein erstes PGA-Turnier, und viele Augen waren nur auf ihn gerichtet, dessen Ruf sich in Kalifornien bereits herumgesprochen hatte.

Wenige Monate vorher hatte ein Vertreter der Los Angeles Open bei der Familie Woods in Cypress, sechzig Kilometer weiter südlich, angerufen und den Teenager eingeladen, der gerade bei einem Turnier in Arkansas den Weitenjäger John Daly geschlagen hatte. »Das wird ein ganz Großer«, hatte Daly prophezeit.

Abgesehen von der Nervosität und dem Gefühl, zum ersten Mal gegen 150 der besten amerikanischen Spieler anzutreten, dürfte das Ereignis nicht allzuviele Spuren im Gedächtnis von Tiger Woods hinterlassen haben. Am ersten Turnier-Tag kehrte er mit einem Resultat von eins über Par von seinem Ausflug in die Welt der Könner zurück. Am zweiten verlor er den Anschluß ans Feld und büßte jede Chance ein, den Cut zu überstehen, der traditionell am Freitagabend das Teilnehmerfeld halbiert.

Doch sollte er jemals, um sein Gedächtnis aufzufrischen, nachlesen wollen, wie es ihm damals erging, wird er nicht intensiv suchen müssen. Die erste Begegnung mit der Zukunft ist ausgiebig dokumentiert. Zum Beispiel im auflagenstarken Magazin *Sports Illustrated*, das den 16jährigen in einem langen Artikel ausführlich zitierte. Manches, was er zu sagen hatte, klang bescheiden und selbstkritisch: »Das war eine Lernerfahrung, bei der ich herausgefunden habe, daß ich noch nicht richtig gut bin.« Manches hörte sich wie eine Entschuldigung an. Denn ihn irritierte, von einem Publikum begleitet zu werden, daß bei jeder Gelegenheit aufmunternd applaudierte: »Ich habe noch nie vor Zuschauern gespielt. Das war ich einfach nicht gewöhnt.«

Anderes klang nach dem Jungen mit einer Vision. Er wollte US-Amateur-Champion werden, verkündete er. In das amerikanische Walker-Cup-Team berufen werden, um zusammen mit den besten Amateuren aus den Vereinigten Staaten gegen die besten Amateure aus Großbritannien zu spielen. Er wolle, sobald er das Alter erreicht habe, mit einer Universitätsmannschaft Studentenmeister werden und dann irgendwann daran denken, wieder »gegen diese Typen« zu spielen. Für Geld und nicht nur für gute Worte. Er gab sich Zeit. Denn eins war ihm klar: »Ich muß noch ein ziemliches Stück erwachsener werden. Körperlich wie geistig.«

Tatsächlich ist Tiger Woods »diesen Typen« in den Jahren zwischen 1992 und 1996, als er bei den Greater Milwaukee Open den letzten Schritt vollzog, sein Studium aufgab und ganz offiziell zu den Profis überwechselte, noch häufiger über den Weg gelaufen. Bei insgesamt 17 Profi-Turnieren, darunter auch solche Majors wie das Masters, die US Open und die British Open, zu denen er als amerikanischer Amateurmeister automatisch zugelassen war. Aber ähnlich wie in

Riviera wies keines der Resultate den talentierten Teenager als ernsthaften Konkurrenten für die erfahrenen Spieler aus. Zehnmal erlebte er exakt dasselbe, was ihm bei der Premiere passiert war: Er scheiterte am Cut. Und wenn er einmal durchkam, dann verließ ihn an den letzten Tagen die Konzentration.

Typisch war der Trip zu seinem ersten Masters im April 1995. Sein Trainer Butch Harmon hatte ihm die romantische Idee ausreden müssen, seinen herzkranken Vater auf dem hügeligen Parcours als Caddie einzusetzen und dafür gesorgt, daß ihn jemand begleitete, der die Besonderheiten des Platzes und der schwierigen Grüns kannte. Augusta National war eben nicht, wie er annahm, ein ganz normaler Golfplatz, an den man sich innerhalb weniger Runden gewöhnen konnte. Das Turnier war ein Wettkampf, bei dem einen die Komplimente der Konkurrenz nicht weiter trugen als bis zur Linkskurve nach dem ersten Grün.

Ein Jahr später gab er zu, daß die 18 Löcher in dem gepflegten Kiefernhain im Osten von Georgia einem jungen Spieler den Unterschied zwischen Potential und wahrem Können auf drastische Weise illustrieren: »Es gibt nur zwei Wege, um diesen Platz zu studieren. Du mußt dir anhören, was die Typen zu erzählen haben, die den Platz gespielt haben, und du mußt ihn selber spielen, auch wenn das eine diabolische Erfahrung ist.«

Als er Harmon 1995 fragte, wo man seine Leistung – einen 41. Platz – innerhalb der Garde der Besten einordnen würde, sagte der Coach: »Du bist nah dran.«

»Und wie lange wird es dauern, bis ich ganz dran bin?«

»Bei deiner Arbeitseinstellung weniger als ein Jahr.«

Harmons Kalkulation sollte sich als zu optimistisch erweisen. Wenn auch nur um ein paar Monate. Erst bei den British Open im Juli 1996 in Royal Lytham & St. Annes, als Tiger Woods am zweiten Tag eine denkwürdige 66er Runde erzielte und am Schluß auf Rang 22 landete, fühlte er sich wirklich wohl: »Irgend etwas klickte. Es war, als ob ich einen neuen Spielstil gefunden hätte. Seitdem kommt mir alles viel leichter vor.«

In Lancashire sprach er zum ersten Mal mit älteren Spielern offen darüber, ob es für ihn nicht an der Zeit sei, nach neuen Herausforderungen zu suchen und Berufsspieler zu werden. Der Dünenkurs an der englischen Westküste mit seinen kleinen Grüns, von denen die Bälle leicht in die umliegenden Bunker rollen, hatte ihm gezeigt, daß Geduld ein guter Partner ist und es sich lohnt, nicht mehr jeden Schlag mit dem aggressiven Vorsatz anzugehen, die Fahne zu attackieren. Es war ihm schwer gefallen. Aber es gab keine Alternative, um bei den Profis Woche für Woche um den Sieg zu spielen. »Es liegt nicht in der Natur eines Zwanzigjährigen. Ich mußte es tatsächlich lernen.«

Einer von denen, der Tigers Fortschritte wohlwollend registrierte, war Nick Price aus Simbabwe, der in seiner Laufbahn zweimal die British Open und einmal die PGA-Championship gewonnen hat: »Er hat alles. Die Grundlagen sind da. Er läuft mit einem ziemlich reifen Kopf auf den Schultern herum. Und er besitzt Ausstrahlung.« Der zweifache US-Open-Sieger Curtis Strange sah es kaum anders: »Er ist so weit. Er hat das Potential dazu, eines Tages der beste Spieler der Welt zu werden.« Aber am meisten fiel ins Gewicht, was Jack Nicklaus erklärte, bis heute unumstritten der beste Spieler der Welt. Ihn irritierte nicht, daß sich Tiger noch nicht unter den Top-Spielern behauptet hatte. Ihm genügte ein Blick, um dem Nachwuchsspieler ein Golfdiplom mit der Note summa cum laude auszuhändigen: »Dieser Junge ist der technisch solideste Spieler, den ich bisher gesehen habe – egal in welcher Altersgruppe.« Der Südafrikaner Gary Player, ein kleiner, soignierter Herr, der Nicklaus in den sechziger und siebziger Jahren so manches Duell geliefert hatte, ging sogar noch einen Schritt weiter: »Ich habe hier soeben Amerikas nächsten Superstar gesehen.«

Ein besseres Abschneiden als Teenager unter all den erfahrenen Profis wäre selbst von einer so auffälligen Begabung wie Tiger Woods viel verlangt gewesen. Golf ist kein Leistungssport wie andere. In der Addition der Schläge von vier Runden über jeweils 18 Löcher zählen eventuelle athletische Vorteile wenig. Über Sieg und eine gute Plazierung entscheiden meistens andere Faktoren: die jahrelange Erfahrung und die Fähigkeit, strategisch zu spielen. Die besten Golfer erreichen aus diesem Grund zumeist erst jenseits der 30 den Höhepunkt ihres Könnens.

Doch obwohl die Turniere keinen guten Maßstab dafür boten, wie gut Tiger Woods wirklich war und wie gut er noch werden würde, hatten sie einen wichtigen Effekt. Sie schufen zwei markante Karrierepole, die Tiger Woods erst mit dem Wechsel zu den Profis miteinander verband. Der eine bestand aus der Routine, die er sich vor großer Kulisse und unter dem Druck des Gewinnenwollens aneignen konnte. Sie gab ihm anschließend als Profi ein Polster an Zuversicht. Das konnte ihm niemand nehmen, auch wenn er hin und wieder unkte: »Was mache ich, wenn es nicht gut klappt? Wohin gehe ich dann? Nach Asien?«

Der andere Pol bestand aus der sportinteressierten amerikanischen Öffentlichkeit, die zu dieser Zeit begann, sich seinen Namen zu merken. Die Turniere bauten die Erwartung auf, die der junge Woods als Profi einlösen wollte. Sie erzeugten jenes Geräusch, das amerikanische Marketing-Experten in Anspielung an das Summen in einem Bienenstock »Buzz« nennen. Es begann, als er drei Tage nach seinem ersten Turnier auf der PGA-Tour im Riviera Country Club mit seiner Schulmannschaft von Western High gegen eine Auswahl von Gahr High antrat. Erstmals folgten ihm Journalisten über den Platz, die alle von einer einzigen Tatsache fasziniert waren: daß sich ein Teenager am Wochenende auf einem der schönsten Plätze mit den Profis mißt und in der Woche auf einer ausgelatschten öffentlichen Golfwiese den Gleichaltrigen das Fürchten beibringt.

Parallel arbeitete Tiger Woods an seiner Reputation als nervenstarker Lochwettspiel-Golfer, der seine Gegner mit perfekten Putts auf den letzten Löchern um den Sieg brachte. Ein ums andere Mal verblüffte er seine Umwelt mit Erfolgen, zu denen ihm selbst nichts anderes einfiel als solche Superlative wie »erstaunlichstes Comeback meiner Karriere« (der dritte Junioren-Titel 1993 auf dem Waverly Country Club in Portland/Oregon). Und die seinen Vater zu euphorischen Kommentaren verführten: »Als Tiger seine erste Juniorenmeisterschaft gewann, habe ich gesagt: »Sohn, das hat noch keine anderer Schwarzer in den Vereinigten Staaten geschafft. Du wirst auf ewig in die Geschichte eingehen.« Die wachsende Zahl der Erfolge und die ständig steigenden Erwartungen schaukelten sich gegenseitig hoch.

Als er 1994 das Angebot für ein Stipendium der

Universität Stanford im kalifornischen Palo Alto annahm, war die Neugier auf das Golf-Wunder derart angeschwollen, daß Tiger Woods bereits in der ersten College-Woche eine Pressekonferenz geben mußte. »Wir bekamen Anrufe von fast jedem bedeutenden Medienorgan im Land«, erinnert sich Gary Migdol, stellvertretender Sportchef von Stanford. »Zeitungen, Zeitschriften, Fernsehstationen, die großen Sender, *Time, Newsweek, Sports Illustrated.* Es kam plötzlich, und es hörte nicht wieder auf.« Uni-Trainer Wally Goodwin erlebte Tage, an denen fünfzig Interview-Gesuche bei ihm eingingen. Auch die anderen Colleges, gegen die Stanford spielte, bekamen einen Geschmack von der Popularität des Volkswirtschaftsstudenten. »Was Tiger für uns tut, ist so ähnlich wie das, was Arnold Palmer für die PGA in den sechziger Jahren getan hat,« stellte Mike Griffin von der Universität Auburn in Alabama fest. »Er stellt zwar die anderen Spieler in den Schatten, aber schaut euch nur an, wieviel Zulauf Golf durch ihn bekommt.«

Das massive Interesse an jedem Detail aus dem Leben von Tiger Woods ist seit jenen Tagen ständig gestiegen und erreichte mit dem Sieg beim Masters 1997, als Tiger Woods ein Feld der großen Namen in eine Statistenrolle drängte, seinen vorläufigen Höhepunkt. Die meisten Sportler würden im Angesicht eines derartigen Hurricanes nervös und unsicher werden. Doch Tiger Woods wirkt stets so, als ob das Aufsehen um seine Person ganz normal sei und als ob ihm etwas daran läge, der Menschheit seine Gedanken zum Golfspiel und zu seinem Leben mitzuteilen. Sätze wie: »Damit das Spiel hip wird und junge Leute anspricht, müssen sie zuerst einmal die Geschichte des Spiels begreifen. Eine Geschichte als elitäre Sportart, in der nur ein Mensch mit einem beachtlichen wirtschaftlichen Fundament spielen konnte. Etwas, das nicht alle Familien haben. Ich glaube, Golf braucht eine Figur, die jung genug ist und den Massen von Jugendlichen ähnelt, die sich für das Spiel interessieren könnten. Im Augenblick bin ich anscheinend in dieser Position, aber hinter mir gibt es bereits eine ganze Reihe von anderen Leuten.«

An wen er bei diesem Hinweis auch gedacht haben mag – kein anderer Golfer hat so zügig das Plateau der Weltbesten erreicht. Der Weg war steil und gerade. Mit zwei Jahren stand er bereits vor amerikanischen TV-Kameras. Mit drei Jahren spielte er eine 48er Runde auf einem Neun-Löcher-Platz der US-Marine in Kalifornien. Mit acht Jahren gewann Tiger Woods zum ersten Mal die Junioren-Weltmeisterschaften, eine Leistung, die er noch fünfmal wiederholte. Mit 15 Jahren sah man ihn zum ersten Mal bei den amerikanischen Amateurmeisterschaften. Im selben Sommer gewann er die amerikanischen Junioren-Meisterschaften – der jüngste Sieger aller Zeiten. Auf seinem Weg brach er zahllose Altersrekorde. Er war der jüngste, der jemals bei einem PGA-Turnier antrat (mit 16) und der jüngste US-Amateur-Champion aller Zeiten (mit 18). Nachdem er dieses Turnier dreimal hintereinander gewonnen hatte, wurde er mit zwanzig Jahren Profi und gewann Monate später sein erstes PGA-Turnier (Las Vegas Invitational). Mit 21 Jahren verbuchte er eine neue Bestmarke. Kein Profi-Golfer konnte so schnell eine Million Dollar an Preisgeldern zusammenspielen. Alles, was er brauchte, waren neun Turniere. Doch ein Auftritt verblaßt gegen alle anderen Rekorde: Der brillante Sieg bei dem Masters in Augusta. Noch niemand in seinem Alter hatte das prestigeträchtigste Golf-Meeting der Welt gewonnen und gleichzeitig das gesamte Feld mit einem so großen Vorsprung vorgeführt. Die Leistung inspirierte viele zu der mutigen Prognose, daß Woods als erstem Spieler seit den Tagen des Ausnahmegolfers und Augusta-Erbauers Bobby Jones der Grand Slam gelingen werde, der Titelgewinn in allen vier Majors im selben Jahr. »Es ist machbar«, antwortete Tiger nach seinem Erfolg in Augusta auf entsprechende Fragen und wirkte dabei nicht wie jemand, der jemals an seiner eigenen Aussage zweifeln könnte.

Tiger Woods hat in seinem jungen Leben selten Grund gehabt zu zweifeln. Die Gewißheit, daß er mit seiner sportlichen Begabung aus dem Rahmen fällt, begleitet ihn, seit er begriffen hat, daß Golf mehr als ein Geschicklichkeitsspiel. Von dort bis zu folgendem Statement war es nur ein kleiner Schritt. »Golf ist für mich wie ein Droge«, hat Tiger Woods des öfteren erklärt. »Wenn ich nicht spielen kann, drehe ich durch. Es geht über Liebe und Haß hinaus. Ich sage den Leuten immer, ich bin süchtig. Ich muß einfach spielen.«

Schon in der Schule, von der er gute Noten nach Hause brachte, interessierte ihn kaum ein anderer Stoff. Für den Geschichtsunterricht hatte er nur eine abfällige Bemerkung übrig: »Das Zeug ist antiquiert. Niemand wird so etwas jemals im Leben brauchen.« Als er zum ersten Mal nach Frankreich flog, um an den Amateurweltmeisterschaften in Versailles teilzunehmen, interessierte er sich nicht für das kulturelle und kulinarische Kontrastprogramm. Tiger Woods ging zu McDonald's essen. Und zwar jeden Abend. »Ich bin ziemlich langweilig«, gab er zu. An Tätowierungen oder Ohrringen, die andere in seinem Alter als Ausdruck der eigenen Persönlichkeit betrachten, fand er ebenfalls keinen Gefallen. »Tiger sehr, sehr konservativ«, weiß Mutter Kultida, deren Sprachkenntnisse selbst nach so vielen Jahren in den USA noch immer nicht perfekt sind.

Konservativ und extrem introvertiert. In Stanford, wo ein reges Studentenleben herrscht und Golf in der Hauptsache als Mannschaftssportart verstanden wird, suchte er so gut wie keinen Kontakt zu seinen Teamkollegen. Sie waren ratlos, wenn sie gefragt wurden, was für Charakterzüge ihr berühmter Kommilitone habe. Einer von ihnen wußte nur soviel: »Da ist Tiger, und dann sind da wir vier.«

Nicht daß er in den zwei Jahren in Palo Alto den Miesepeter gespielt hätte. Wann immer es sich ergab, gab er seinen Co-Golfern Tips. Trotzdem kam niemand an ihn heran. »Es war«, so schrieb der *New-York-Times*-Reporter Peter de Jonge, der sich 1995 ausgiebig mit dem Leben des ungewöhnlichen Talents beschäftigte, »als würde Woods einem Drehbuch folgen, das bereits skizziert worden war, ehe er geboren wurde, und sich mit anderen Dingen beschäftigte als damit, ein freundschaftliches Verhältnis mit vier College-Golfern zu entwickeln.«

Ein Mensch mit einer derartigen Disposition begreift gewöhnlich nicht, woran es liegt, wenn die Dinge nicht so laufen, wie er sie sich vorstellt. Oder wenn die Reaktionen der Öffentlichkeit auf seine Aussagen nicht so ausfallen, wie er sich das wünscht.

Als er zum ersten Mal als Profi in der Kritik stand, erinnerte er sich, wie leicht ihm alles in Stanford gefallen war. Und er tat so, als ob ihm Stanford etwas gegeben hatte, was die kalte Welt der Profis nicht zu offerieren habe. »Ich vermisse das College«, stellte er fest, und einen Teil des lockeren Lebens: »Mir fehlt es, Zeit mit meinen Freunden zu verbringen und Bier zu trinken und mit ihnen die halbe Nacht durchzudiskutieren. Jetzt muß ich mich ständig zusammenreißen. Es gibt niemanden in meinem Alter, den ich treffen kann. Aber daran läßt sich nichts ändern. Meine Mutter hatte recht, als sie meinte, daß meine Jugendzeit zu Ende ist, sobald ich Profi werde. Aber was sollte ich machen? Golfmäßig konnte mir das College nichts mehr bieten.«

Das Lamento ist verständlich, auch wenn er seinen Lebensstil eigentlich nicht radikal ändern mußte. Er ißt noch immer am liebsten, was die amerikanischen Fast-Food-Ketten McDonald's oder Taco Bell anbieten, anstatt sich einen Ernährungsplan zusammenzustellen, in dem gesunde, mit dem Energiehaushalt eines Sportlers abgestimmte Nahrungsmittel dominieren. Er fährt Achterbahn, schleudert Golf-Carts durch die Gegend, spielt Karten und Nintendo.

Auch sein spirituelles Leben hat sich nur wenig gewandelt, zumal es die meiste Zeit unangetastet in ihm schlummert. So geht er allenfalls im Winter, wenn sein Geburtstag naht, zusammen mit seiner Mutter in einen buddhistischen Tempel und bringt den Mönchen Reis, Zucker und Salz. Eine Buddhafigur, die ihm sein thailändischer Großvater geschenkt hat, steht an seinem Bett und wacht über seine Träume. Eine Halskette mit einem kleinen Gold-Buddha ist sein wichtigster Talisman. »Ich mag den Buddhismus«, hat er mal gesagt, ohne allzuviel in der Tiefe seiner religiösen Überzeugungen zu schürfen. »Es ist eine ganz andere Art zu leben. Er basiert auf Disziplin und Respekt und Verantwortungsgefühl.«

Was er bei der Gelegenheit nicht erwähnte, obwohl es die Grundlagen seiner persönlichen Entwicklung auf eine präzise Weise beschrieben hätte, waren die die »vier edlen Wahrheiten« genannten Grundsätze des Buddhismus: Alles Dasein ist unablässigem Leiden unterworfen; die Ursache des Leidens ist das Verlangen nach Sinnesgenüssen und nach Dasein; die Beseitigung des Verlangens hebt das Leiden auf, der auf Aufhebung des Leidens führende Weg ist der »edle, achtfache Pfad«: rechte Ansicht und rechtes Denken, rechte Rede, rechtes Handeln und Leben, rechtes Streben, rechte Wachsamkeit und innere Sammlung. Statt dessen kurvte er durch das Thema, als könne man auf diese Weise amerikanische Erziehungsprinzipien kritisieren: »Ich mag die asiatische Kultur lieber als unsere. Asiaten sind disziplinierter als wir. Schau dir an, wie gut sich ihre Kinder benehmen. Und genauso hat mich meine Mutter erzogen.«

Natürlich weiß Woods mehr über Buddhismus, als er gemeinhin zugibt. Was daran liegt, daß die amerikanische Öffentlichkeit, fixiert auf die Glaubensgrundsätze aus dem Alten und Neuen Testament, kein Ohr für andere Philosophien hat. Ebensogut weiß er, daß seine Beziehung zu den Lehren Buddhas eher praktischer Natur ist: »Ich glaube nicht an alles, aber an das meiste, und habe mir die einzelnen Teile zusammengesucht. Ich glaube nicht daran, daß Menschen absolute Erleuchtung zuteil wird, denn Menschen haben Schwächen. Ich will mich auch nicht von allen meinen Wünschen und Sehnsüchten trennen.«

Denn noch fühlt er sich nicht von ihnen korrumpiert. »Mir machen materielle Dinge Spaß, aber das bedeutet nicht, daß ich sie wirklich brauche. Es ist mir egal, ob ich in einem Haus wie diesem wohne« – er zeigte mit dem Golfschläger auf seine Villa in Orlando – »oder in einer Hütte. Ich wäre in der Hütte zufrieden. Solange wie ich ein bißchen Golf spielen könnte.«

Wieviel von der Erziehung seiner Mutter für sein Verhalten außerhalb vom Golfplatz verantwortlich ist, läßt sich nur schwer abschätzen. Doch vermutlich hat sie ihn in der Entwicklung seiner Einstellung zum Spiel ebenso geprägt wie die Tausende von Übungsstunden und psychologischen Tricks seines Vaters, die die Bausteine für sein formidables Selbstbewußtsein sind. Noch heute, da man sich daran gewöhnt haben dürfte, wie er spielt, welches Gesicht er aufsetzt, wann und weshalb er strategisch denkt und wann er seinen Schlägern freien Lauf läßt, beeindruckt er mit einer Fähigkeit, die nur wenige Golfer besitzen: Tiger Woods vermag das, was sein Hirn wahrnimmt, und das, was es in entscheidenden Momenten preisgibt, zu steuern. Es ist ein Schutzmechanismus, ohne den sich ein Mensch in seiner Position einer Flut von Eindrucken ausgeliefert sähe und nie wirklich er selbst sein könnte. Es sind nicht nur Werbepartner, Autogrammjäger, Journalisten und Turnierveranstalter, die Ansprüche an ihn stellen. Es ist das Spiel selbst, das neben einem gewissen körperlichen Geschick eine enorme mentale Herausforderung darstellt. Alles ist miteinander verwoben. Die Muskeln, die Knochen, die Nerven und alles muß miteinander harmonieren, egal, ob man den letzten Ball verschlagen (das sorgt gewöhnlich für eine den Bewegungsfluß hemmende Verkrampfung) oder ihn auf eine beeindruckende Weise an das gewünschte Ziel befördert hat (das sorgt für einen Überschuß an

Begeisterung und gefährdet die Konzentration). Die einzige Möglichkeit, um diesen eigentlich unauflösbaren Knoten zu entwirren, hat Tiger Woods jedoch bereits vor Jahren entdeckt: »Gehst du ab und zu an den Abschlag und sagst dir: ›Schlag nicht zu weit nach links. Aber schlag auch nicht zu weit nach rechts.‹? Das passiert, wenn sich dein Bewußtsein meldet.« Woods spielt ohne solche Verunsicherungen aus der Denkwerkstatt. »Mein Körper weiß doch längst, wie man Golf spielt. Ich habe ihm das beigebracht. Jetzt muß ich nur noch darauf achten, daß sich mein Bewußtsein nicht dazwischenschiebt.« Und das tut es tatsächlich nur in den seltensten Fällen. Der Beleg: Früher war Woods nicht mal in der Lage, sich nach einer Runde genau daran zu erinnern, welche Entscheidungen er weshalb getroffen hatte. Auch heute klingen seine Kurzberichte in den Pressekonferenzen wie ein Stakkato aus Daten und Fakten. Ein Skelett aus Yards und Schlägernummern.

Auch sein Vater hat ihn des öfteren gefragt, wie er einen bestimmten Ball gespielt hat. Und alles, was er antworten konnte, lautete: »Keine Ahnung.« Bei anderen Gelegenheiten konnte er sich nicht einmal daran erinnern, den Ball überhaupt mit dem Schläger berührt zu haben. Dabei bewegt er sich keineswegs wie ein abwesender Roboter über den Platz. Seine Bewegungen sind fließend und energisch. Sein Gesichtsausdruck ist meistens entspannt. Und sein Ärger, wenn ihm in entscheidenden Moment etwas mißlingt, ist weit expressiver als bei den meisten seiner Profi-Kollegen. Doch jeder emotionale Ausbruch ist kontrolliert. Er dient dazu, das Motivationsniveau zu steigern. Hin zu jenem Plateau, auf dem ein Ball, den Tiger Woods von Punkt A nach Punkt B bewegt, immer so aussieht, als handle es sich hierbei nur um eine Pflichtübung, bei der die Realität nur noch umsetzt, was in seinem Kopf bereits vollzogen ist.

Die Fähigkeit, sein Hirn willkürlich an- und auszuschalten, ist aber nicht allein auf die Rezepturen aus einem religiösen asiatischen Gebräu zurückzuführen. Die Vorgehensweise seines Vaters dürfte einen ebenso großen Anteil daran haben. Earl Woods glaubte schon immer, daß talentierte Kinder, die man schon sehr früh mit einer athletischen Disziplin vertraut macht, gar nicht erst jenes überdrehte Selbstbewußtsein entwickeln, das viele Sportler in Individualsportarten wie Golf oder Tennis entwickelt haben. Nach seiner Theorie entstehen auf diese Weise Golfspieler, die mit einer instinktiven Energie zu Werke gehen – so wie die besten Basketballspieler, so wie richtige Athleten.

Das war einer der Gründe, weshalb der Vater, der mit dem Golfspielen anfing, als er 42 war, den Sohn in den Babysitz pflanzte, während er in der Garage übte und Bälle in ein Auffangnetz schlug. Earl Woods ist fest davon überzeugt, daß der kleine Tiger, als er mit zehn Monaten zum ersten Mal einen abgesägten Schläger in der Hand hielt, bereits die grundlegenden Bewegungsabläufe des Golfschwungs verstanden hatte: »Sein erster Schwung war eine perfekte Imitation von meinem.«

Den Babysitz gibt es noch. Earl Woods hat ihn aufbewahrt, zusammen mit anderen Erinnerungstücken und Fotos aus der Kindheit. Er hat sie in der Garage im alten Haus in Cypress gelagert, in dem er inzwischen alleine wohnt, nachdem sein Sohn nach Florida ausgewandert und gleichzeitig seiner Mutter eine eigene Villa in Kalifornien gekauft hat. Die Ehe der beiden besteht nur noch auf dem Papier und wird von dem Erfolg des gemeinsamen Zöglings zusammengehalten.

So dürfte sich Earl Woods die Zukunft nicht unbedingt vorgestellt haben, als er das Talent seines Sohnes entdeckte und den langfristigen Plan entwickelte, dem Jungen technisch und psychologisch so viel Hilfe wie nur möglich angedeihen zu lassen. Daß die Karriere ein derartiges Niveau erreichen würde, hat er vermutlich auch nicht gedacht. Sonst hätte er sicher nicht das Diktum von Kultida akzeptiert, die ihren Sohn ständig ermahnte, daß die Schule wichtiger sei als Golfspielen: »Du mußt immer etwas haben, worauf du zurückgreifen kannst. Denn du kannst dich verletzen oder krank werden.«

Aber er hatte vermutlich gehofft, daß die intensive Arbeit mit Tiger, der mit 18 Monaten bereits auf dem Platz den Ball vor sich her bugsierte, sich auf irgendeine Weise auszahlen würde. Denn die Ausbildung des jungen Woods zum Champion war nicht nur zeitaufwendig. Sie kostete die Familie von jenem Zeitpunkt an, als Tiger begann, sein Können im Rahmen von bedeutenden Junioren-Turnieren unter Beweis zu stellen, bis zu 30 000 Dollar pro Jahr an Reisespesen für Vater und Sohn. Earl Woods mußte regelmäßig im Sommer sein Haus hypothekarisch beleihen, um die Ausgaben decken zu können. Im Winter bemühte er sich darum, mit Hilfe seines Jobs beim Flugzeughersteller McDonnell Douglas, den er nach dem Ende seiner Offiziers-Laufbahn angenommen hatte, die Schulden wieder abzustottern.

Die Entwicklung schien nur konsequent, nachdem der Vater dem Sohn den Umgang mit den Schlägern selbst beigebracht hatte (mit fünf zeichnete sich

Woods jr. mit der krakeligen Maltechnik eines Kindergartenkindes bereits eine Gedächtnisstütze mit den Anstellwinkeln der unterschiedlichen Eisen und der Reichweite der einzelnen Schläger). Eine Unterweisung, zu der etwas mehr gehörte. »Es war ein Problem, Tiger zu erklären, daß im Golf jeder Schlag hinter dem Ball beginnt«, schrieb Earl Woods in seinem Leitfaden *Training a Tiger.* »Nur aus dieser Perspektive heraus kann man sich einen Schlag wirklich vorstellen.« Der Filius hielt nichts von der Konzentrationsphase, für die sich jeder Spieler Bewegungsabläufe und Verhaltensmuster angewöhnt, die auf einen Nicht-Golfer manieriert wirken. Aber er gab – im Alter von drei Jahren – seinen Widerstand auf und fügte sich. Er konnte noch nicht zählen und hatte noch Artikulationsprobleme – er sagte »wawa« anstelle von water und »twap« statt trap –, aber die Argumente seines Vaters überzeugten ihn. Er hatte ohnehin nur das Spiel mit dem Ball im Kopf. Noch mit 13 Jahren, als ihn die ersten Mädchen fragten, ob er mit ihnen ausgehen würde, lehnte er dankend ab: »Zuviel Golf.«

Einer der schwierigsten Aspekte beim Erlernen eines so schwierigen Spiels ist die Frustration, die sich einstellt, wenn einem nicht alles so rasch gelingt, wie man sich das vorstellt. Woods Sr. versuchte die Motivation seines Sohnes auf folgende Weise aufrechtzuerhalten: »Du brauchst einem Kind nur zu zeigen, daß du das Spiel ebenfalls noch nicht gemeistert hast, aber es dir trotzdem Spaß macht.« Tiger Woods war seltener frustriert als die meisten Novizen. Schon bald stellte sich heraus, daß er den Ball relativ weit schlagen konnte. »Ich hatte bereits früh eine enorme Schulterdrehung und einen guten Hüftschwung.« Die Phasen, in denen sein Körper innerhalb kürzester Zeit ein paar Zentimeter zulegte, warfen ihn ebenfalls nicht aus der Bahn. Im Gegenteil: »Ich weiß noch, ich bin einmal in zwei Wochen um fast zwei Zentimeter gewachsen. In der gleichen Zeit habe ich fast zwanzig Meter zugelegt. Einfach, weil sich der Schwungbogen ein wenig vergrößerte. Als ich kräftiger wurde, hat es ebenfalls mein Spiel beeinflußt.«

Earl Woods war nicht er einzige, der dem jungen Tiger die Grundlagen eintrichterte und ihm den Sinn fürs intensive Training einflößte, den er bis heute nicht eingebüßt hat. Im Alter von vier Jahren überließ der Vater seinen Sohn dem ehemaligen Tour-Profi Rudy Duran. Der formte auf einem Platz mit kurzen Par-3-Löchern Tigers Gefühl für Chips und Putts. Mit zwölf übernahm ihn der Golflehrer John Anselmo in Huntingdon und half ihm, sich stärker auf das taktische Spiel zu konzentrieren. »John war für Tigers Entwicklung sehr wichtig«, gab Earl Woods vor ein paar Jahren zu, bevor er damit begann, den Hauptverdienst an der Ausbildung des »Auserwählten« für sich selbst in Anspruch zu nehmen: »Er sah, daß es nötig wurde, Tigers Schwung umzustellen. Wenn das nicht passiert wäre, würde er heute nur Hooks schlagen.«

Anselmo war von dem Knaben genauso angetan wie zuvor Duran. Er scheute sich nicht, seinem Schützling das Genie-Etikett an die Schlägertasche zu heften und ihm mit 13 bereits zu attestieren: »Er könnte jetzt schon auf der PGA-Tour antreten. Er beherrscht alles, was das Spiel verlangt.« Zur gleichen Zeit entstand die Verbindung zum Sportpsychologen Jay Brunza, der Woods später bei bedeutenden Turnieren sogar als Caddie begleiten sollte. Der ehemalige Marineoffizier brachte dem Teenager kleine Konzentrationsübungen bei, mit denen er sich in Wettspielsituationen helfen konnte, und er ging sogar so weit, Tiger per Hypnose in Trance zu versetzen, um Motivationsslogans in sein Unterbewußtsein zu pflanzen. Etwas, was dem jungen Spieler bereits vertraut war. Schon mit sechs Jahren hatte er zum ersten Mal Tonbandkassetten mit Psychonahrung gelauscht und die Kernsätze aufgeschrieben und an die Wand geheftet: »Meine Entscheidungen sind begründet. Ich mache alles von ganzem Herzen. Ich konzentriere mich und gebe alles, was ich habe.«

Alles, was es aus Sicht von Earl Woods brauchte, um die erste Entwicklungsphase seines Sohnes – vom Wunderkind zum versierten Profi – abzurunden, war ein Trainer mit dem richtigen Sinn für einen Spieler wie Tiger Woods und einen aus PR-Gesichtspunkten günstigen Termin für den Wechsel. Er fand beides. Zuerst Butch Harmon, der sich als Schwung-Doktor einen Namen gemacht hatte und mit Greg Norman einen der Spieler betreute, der den Ball rechtschaffen weit die Fairways hinunter bombardiert. Und eine Weile später auch die ideale Gelegenheit.

Daß es ausgerechnet ein Turnier knapp zwanzig Kilometer vom Firmensitz des größten Sportausrüsters der Welt entfernt gab, war reiner Zufall. Denn die amerikanischen Amateurmeisterschaften werden von der US Golf Association ausgerichtet und nicht von der Industrie. Aber manchen Zufällen wohnt etwas Programmatisches inne. Und jeder, der den Chef von Nike unter den Zuschauern im Pumpkin Ridge Golf Club entdeckte, ahnte bereits, woraus das Programm bestehen könnte: In einem Werbevertrag, der dem Golfer einen unbeschwerten Karrierestart ermöglichen würde. Doch Phil Knight übertraf selbst die kühnsten Spekulationen, als bekannt wurde, daß er Tiger Woods vierzig Millionen Dollar zahlen würde, um ihn fünf Jahre an seine Firma zu binden. Die Sensationsnachricht nahm die staunende Golfwelt derart gefangen, daß sich kaum jemand fragte, wie Woods es geschafft hatte, seinen Rekordkontrakt abzuschließen, ohne vorher die Amateurstatuten verletzt zu haben. Es schien niemanden zu wundern, daß Multi-Millionen-Dollarverträge gewöhnlich nicht innerhalb von 72 Stunden ausgehandelt und unterzeichnet werden. Und daß selbst eine kreative Firma wie Nike keinen Werbespot drehen kann, wenn die Tinte unterm Kontrakt noch nicht trocken ist.

Auch nicht die einflußreichen Mitglieder in den Vorstandsgremien der Golf Association, die allesamt nur eines im Sinn zu haben schienen: drei Tage nach dem dritten Tielgewinn von Tiger Woods bei den Amateurmeisterschaften keine Kontroverse auszulösen und öffentlich breit zu treten, was die Experten bereits wußten: daß Tigers Vater seit Jahren bei der International Marketing Group IMG angestellt gewesen war und mit ihren Agenten aus dem Hintergrund die Fäden geknüpft hatte, die sich nun innerhalb weniger Tage zu einem kompletten kommerziellen Netz verbinden ließen. Der Höhepunkt der Scharade fand statt, als Tiger Woods am 28. August 1996 mit seinem Vater im Schlepp das Podium im Pressezelt der Greater Milwaukee Open betrat und seine Entscheidung verkündete, Profi zu werden.

Nikes Werbemanager hatten vorgearbeitet und einen Slogan gefunden, den Woods auf dem Brown Deer Park Golfplatz mit einem Lächeln um die Mundwinkel nachsprach: »Hello, World.«

Und sie hatten ihn bestens präpariert, um die Fragen zu beantworten, die ihm als nächstes entgegenprasselten. Seine Stärken? »Mein Gehirn.« Die Millionen? »Es ging mir nicht ums Geld, sondern um meine Zufriedenheit.« Belastung? »Darüber mache ich mir keine Sorgen.« Der abrupte Studienabbruch in Stanford? »Meine Eltern haben gesagt, ob ich jetzt einen Abschluß mache oder in fünfzehn Jahren, ist ihnen egal.« Dann griff Tiger Woods die Hand seines Vaters, der neben ihm auf einem Stuhl saß, und dankte ihm und seiner Mutter: »Sie haben mich bestens erzogen und mir beigebracht, die Verantwortung für alle Bereiche meines Lebens zu übernehmen.«

Am selben Tag fragte ihn sein Trainer Butch Harmon, ob er sein Scheckbuch dabeihabe.

»Wozu?« wollte Tiger Woods wissen.

»Du mußt eine Startgebühr bezahlen.«

»Butch, ich habe keine hundert Dollar bei mir.«

Harmon mußte ihm das Geld leihen, damit er sein erstes Turnier als Profi bestreiten konnte. Nike hatte noch keinen Cent überwiesen.

Ein paar Tage später konnte er seine Schulden begleichen. Er belegte bei seiner Premiere den sechzigsten Platz und verdiente ein Preisgeld von 2544 Dollar. Woods war auf dem richtigen Weg.

2. Kapitel

Blasphemie & Co. KG: Vater und Sohn und Heiliger Geist

Es gibt Augenblicke, in denen geraten große Worte so groß, daß sie gänzlich aus dem Rahmen fallen. Eine solche Gelegenheit bot jener Abend in Georgia, an dem rund zwanzig geladene Gäste zusammenkamen, um Tiger Woods einen Abschiedsgruß zu entbieten – die Auszeichnung als bester Collegespieler des Jahres.

Die Zusammenkunft der Honoratioren aus dem amerikanischen Universitätssport, dem letzten Refugium in den USA, in dem der traditionelle Amateurgedanke hochgehalten wird, war nicht ohne Schwierigkeiten zustande gekommen und mit beträchtlicher Verspätung. Woods, der ein halbes Jahr zuvor sein Studium an der Universität Stanford aufgegeben hatte und zu den Profis übergetreten war, hatte einen ersten Termin platzen lassen, weil er sich nach den ersten anstrengenden Turnieren auf der PGA-Tour dringend ausruhen mußte und kurzfristig wieder nach Hause geflogen war.

Als die Veranstaltung begann, wollte anfänglich verständlicherweise keine rechte Stimmung aufkommen. Doch dann stand Earl Woods auf und begann zu reden. Seine Stimme zitterte, seine Augen schimmerten feucht. »Verzeihen Sie bitte«, sagte er. »Aber manchmal werde ich sehr emotional, wenn ich über meinen Sohn rede.«

Der großgewachsene Mann mit dem starren Blick, den eulenhaften Augen und dem steifen massigen Körper sprach nicht von jenen Gefühlen, die jeder Vater angesichts der Erfolge seines Sprößlings empfindet. Earl Woods bewegte sich in diesem Moment auf anderen Bahnen: Er blickte in die Zukunft. Tiger, dem er nach dem Gewinn der zweiten US-Amateurmeisterschaft im Jahre 1995 den Sieg in 14 Major-Turnieren prophezeit hatte, würde »das Spiel weiterbringen« und gleichzeitig der Welt, die diesen Burschen noch gar nicht kannte, geschweige denn jemals hatte Golf spielen sehen, »eine Menschlichkeit bringen«, die sie »noch nicht erlebt« habe.

Die Ansprache klang über weite Strecken, als ob ein Amateur-Philosoph seine Gedanken sortiere. Doch am Schluß wurde die Botschaft präziser, und es wurde begreiflich, um was es Earl Woods ging: seinen eigenen Anteil an dem Geschehen, das einen jungen Golfspieler aus Kalifornien zum Medienphänomen und zum Star gemacht hatte, herauszustreichen. »Gott selbst« habe ihn auserwählt, sagte Earl Woods, seinen Sohn wie einen Himmelsboten aufzuziehen und ihn »an jenen Punkt zu bringen, an dem er seinen Beitrag zur Geschichte der Menschheit leisten« werde. »Er ist der Auserwählte. Er wird die Macht haben, ganze Nationen zu beeinflussen. Nicht Menschen. Nationen.« Die Worte verklangen und kamen wie ein Echo von den Wänden zurück. Bevor sich Earl wieder hinsetzte, umarmte er seinen Sohn.

Es dauerte einige Wochen, bis die amerikanische Öffentlichkeit Wind von den ungewöhnlichen Äußerungen bekam. Aber kaum jemand, der erlebt hatte, wie die Gemeinde der Woods-Anhänger von Turnier zu Turnier angeschwollen war, wußte so recht, was er von einem derartigen Fall von Chuzpe und Blasphemie, »diesem ganzen Messias-Ding«, wie Golf-Autor John Feinstein den Auftritt nannte, halten sollte. Denn Earl Woods rückte das Gesagte nur in einem Punkt zurecht. »Ich bin weder dabei, den nächsten Messias zu prophezeihen, noch glaube ich, daß Tiger der nächste Messias ist. Das wäre dumm. Ganz einfach dumm.«

Am Ende beschlossen die meisten, einfach zur Tagesordnung überzugehen und gönnten sich ein nachsichtiges Lächeln. Aus dem engeren Kreis ließ als einziger Tiger-Trainer Butch Harmon durchblicken, was er von den Äußerungen des Vaters hielt: »Earl gerät langsam außer Kontrolle«, sagte er den Journalisten am Rande eines Turniers im Januar 1997. Feinstein unkte anschließend mit dem Charme des professionellen Pessimisten über den Ausnahmegolfer: »So grenzenlos seine Zukunft auch ist, es gibt immer noch alle möglichen Fallstricke.«

Earl Woods scheint sich allerdings nicht mehr sonderlich für derartige Hindernisse zu interessieren. Der Mann, der bereits in den achtziger Jahren einen Vierfach-Bypass eingepflanzt bekommen und in den Wochen vor der Veranstaltung eine milde Herzattacke erlitten hatte, um sich später erneut einer Operation am offenen Herzen zu unterziehen, macht sich weniger Sorgen über die Zukunft. Seine Aufmerksamkeit gilt mehr und mehr der Frage, ob er die Früchte seiner Anstrengungen noch genießen können wird. Und ob die Welt noch zu seinen Lebzeiten verstehen wird, wie groß sein Anteil an der Entwicklung seines Sohnes zum Übergolfer ist.

Es hat schon viele Väter gegeben, die sich intensiv darum gekümmert haben, ihren Nachwuchs auf ein hohes sportliches Niveau zu bringen, um sich anschließend die Lorbeeren und die finanziellen Erträge zu teilen. Der moderne Profisport wirkt verlockend. Doch die meisten scheiterten kläglich wie Stefano Capriati, der seine Tochter Jennifer, die ihm als Teenager ein Vermögen einspielte, so lange antrieb, bis sie dem Druck nicht mehr standhalten konnte. Andere halten sich lieber im Hintergrund auf und ziehen nur gelegentlich an den Steuerseilen.

Noch nie zuvor in der Geschichte der bizarren amerikanischen Kults um Stars wie Filmschauspieler, Rockmusiker und Hochleistungssportler, hat es hingegen einen Vater gegeben, der seine eigene Rolle mit Macht in die Biographie seines Zöglings hineinredigiert. Vermutlich hat es auch noch keinen Vater gegeben, der tatsächlich einen derartig starken Einfluß auf das Entstehen einer Supernova am Prominentenhimmel hatte. Vom ersten abgesägten Schläger bis zur Auswahl von Trainern und Geschäftspartnern, Anwälten und Agenten, von der Vermittlung der Philosophie des Spiels über die Technik bis hin zum psychologischen Training – hinter allen Details steckte ein Mann: Earl Woods.

In einigen Jahren wird man sich möglicherweise kaum noch an die Messias-Ansprache erinnern. Aber wie so viele Ereignisse der kurzen Spanne zwischen dem Sommer 1996 und dem Triumph bei den Masters im April 1997 wird dieser Tag für den sportlichen Werdegang von Tiger Woods ein einschneidendes Datum bleiben. Als der Tag, an dem sein Vater jegliche Contenance aufgab und überzogene Prophezeiungen zum Besten gab, obwohl der große Erfolg noch in den Sternen stand.

Wie der Junior auf die Laudatio reagierte? Er zuckte

nicht mal mit der Wimper. Weshalb der Reporter der Zeitschrift *Sports Illustrated* die Prognose wagte: »Er wird die Vision seines Vaters wahr machen, dank seines Verstandes, der noch immer wächst, willig und um so effizienter, je größer der Druck wird, der auf ihm lastet.«

Earl Woods ist seit dem Auftritt bei der Ehrung in Georgia nicht mehr verstummt. Er singt, so oft er nur kann, die Hymne auf einen Sohn, der seiner Ansicht nach charismatischer ist als andere schwarze Sportgrößen wie Joe Louis oder Muhammad Ali, in dessen Fußstapfen jeder dunkelhäutige Athlet zwangsläufig tritt (»er ist gebildeter und besser vorbereitet«). Er mag nicht abrücken von der Behauptung, daß sein Sohn mehr Einfluß auf das Weltgeschehen haben werde als Politiker vom Rang eines Mahatma Gandhi oder Nelson Mandela (»er erreicht mehr Menschen und ist durch seine ethnische Herkunft dafür besonders qualifiziert. Er ist die Brücke zwischen dem Osten und dem Westen. Er ist der Auserwählte. Die Welt bekommt gerade mal erst einen Vorgeschmack von seiner Macht.«)

Nur das von ihm bevorzugte Forum hat sich geändert. Earl Woods, inzwischen 66 Jahre alt und nicht mehr so fit wie früher, hat sich aufs Schreiben verlegt. So findet man in den Regalen amerikanischer Buchläden nicht nur ein Buch, sondern bereits zwei Bücher, die seine Rolle im Leben des Golf-Wunderkindes schildern. Das erste trägt den Titel *Training a Tiger* und erzählt von den Methoden, mit denen der Amateurgolfer Earl Woods das Wunderkind an seiner Seite auf das Niveau eines Weltklasse-Spielers brachte. Das andere – *Playing Through* – ist die ausführliche Autobiographie eines Mannes, der in einer Kleinstadt in Kansas geboren wurde, wo er als kleiner Junge zum ersten Mal Schwergewichts-Weltmeister Joe Louis sah, der mit einer Nachbarfamilie befreundet war, der seine eigenen sportlichen Ambitionen als Baseballspieler auf dem College aufgab und sich auf eine Karriere in der amerikanischen Armee konzentrierte, und später seine gesamte Energie einem einzigen Ziel widmete: einen mit einer ungewöhnlichen Begabung ausgestatteten Sohn an die Weltspitze zu führen.

Sobald man sich mit den Einlassungen des Vaters beschäftigt, von denen nicht wenige, wie sein Buchverlag genüßlich anmerkt, »brutal offen« daherkommen, erkennt man, wie sehr Tiger Woods das Produkt eines intensiven Erziehungsprozesses ist. Gleichsam wie in einem Dampfkochtopf wurde hier ein Kind, neugierig und voller Energie, jahrelang sowohl in den schwierigen technischen Details des Golfspiels unterwiesen als auch gegen die psychologischen Krisen eines Wettkampfsports gewappnet und auf die unvermeidliche Realität vorbereitet, die jedem erfolgreichen Athleten droht – die massive Präsenz der Medien. Earl Woods erinnert sich, als sei es gestern gewesen: »Mit fünf wußte Tiger, daß er jemand Besonderes ist.« Und die Nachbarn wußten es auch. »Aufgrund der Zeitungsartikel über ihn und der Fernsehsendungen, in denen er aufgetreten war.«

Die ersten Schläge, die ersten Turniersiege, die ersten Fernsehauftritte, die Nachbarn, die nicht schimpften, wenn der Junge seine Übungsbälle über die Straße und in ihre Gärten schlug. Earl Woods, der nach einer langjährigen Karriere in der Armee in der Flugzeugindustrie arbeitete, machte es möglich, indem er sich gewissenhaft um die vielen kleinen organisatorischen Probleme kümmerte. Und das bedeutete mehr, als einen Golf-Platz zu finden, auf dem der Sohn fast täglich üben konnte. Earl sorgte dafür, daß Tiger bereits als Teenager seinen eigenen Sportpsychologen konsultieren konnte.

Es gäbe eine Reihe von Ansätzen aus den Schubladen der Seelenphilosophen, um diese spezielle Vater-Sohn-Beziehung aufzuschlüsseln, in der zwischen Wollen und Handeln, zwischen Traum und Konsequenz gleichsam ungefiltert alles, was zählt, von einer Generation auf die andere übergegangen ist. Doch da es ein Tandem wie dieses noch nicht gegeben hat, klingen Erklärungsversuche eher kurzatmig. Oder ebenso prätentiös wie die Gedanken von Earl Woods, für den die Betreuung seines Sohnes seit 1988, seitdem er einen Vertrag mit der amerikanischen Sportmarketing-Firma IMG abschloß, zu einem Beruf wurde.

Woods Sr. liebt Psychologie, seitdem er vor zwanzig Jahren bei einem EST-Bewußtseinsseminar des Psycho-Gurus und ehemaligen Scientologen Werner Erhard herausfinden konnte, worauf er sich in der zweiten Hälfte seines Lebens konzentrieren würde: sein eigenes Wohlbefinden.

»Was ich durch EST gelernt habe, ist, daß du in dem Augenblick, in dem du mehr für dich selbst tust, mehr für andere tun kannst. Ja, sei verantwortungsbewußt, liebe das Leben und gib Leuten Platz genug, damit sie an deinem Leben teilhaben können. Was ich da gelernt habe, führte dazu, daß ich Tiger so viel Zeit und Platz gab, wie er brauchte, um er selbst zu sein, und ihn nicht mit Pflichten und Verboten behelligte. Ich wurde zum Begleiter und machte mich als Vater angreifbar. Wenn du dir den Respekt deines

Kindes erarbeitest, anstatt ihn einzufordern, dann geschehen Wunder.«

Tatsächlich bietet das Leben von Earl Woods – egal ob in dem Abschnitt vor EST oder in dem danach – reichlich Stoff für eine Persönlichkeitsanalyse. Etwa die Entscheidung, sich während des Vietnam-Krieges mit Mitte 30 von seinem ruhigen Posten als Presse-Offizier in New York zu der umstrittenen Elite-Einheit der Green Berets versetzen zu lassen, wo er im Dschungel von Südostasien sein Leben aufs Spiel setzte. Mit der Erfahrung einer gescheiterten Ehe im Nacken und drei Kindern – Earl jr., Kevin und Royce –, an denen ihm erstaunlich wenig lag.

Oder die Art und Weise, wie er mit seiner eigenen Identität konfrontiert wurde – ein Afro-Amerikaner mit Vorfahren aus China, Europa und vom Stamm der Shawnee –, und zwar egal ob in seinem Heimatland oder später auch an Einsatzorten wie Pirmasens in Rheinland-Pfalz, wo bereits die Wohnungssuche zum Spießrutenlaufen wurde.

Beim Militär, der einzigen Institution in den USA, die Menschen unabhängig von ihrer Hautfarbe fördert und befördert, hat es Earl Woods bis zum Oberstleutnant gebracht. Er hat den Kugelhagel des Vietkong überlebt und dabei einen Menschen gefunden, einen Kameraden der südvietnamesischen Armee, der die Grenzerfahrung im Dschungel erträglicher machte. Und er lernte in einem Armee-Büro in Bangkok jene thailändische Sekretärin kennen, die spürte, wie ambitioniert er war. »Er konnte sich nicht entspannen. Er suchte immer nach irgend etwas und war nie zufrieden.«

Die Frau war Kultida Punsawad, aufgewachsen in einem Internat, ausgestattet mit einer unglaublichen inneren Ruhe und der Angewohnheit, die Augen zu schließen, während sie spricht, so daß man beinahe sehen kann, wie sich dahinter ihre Gedanken sammeln. Ihm gefiel »ihre Präsenz, ihre Haltung, ihre Selbstvertrauen«, und er heiratete sie, nachdem das erste Rendezvous mit ihr in einem buddhistischen Tempel stattgefunden hatte.

Der südvietnamesische Soldat war Nguyen Phong, Spitzname »Tiger«. Ein Spitzname, den er aus Wertschätzung für seinen Kumpel später seinem vierten Sohn gab.

Wenn es nach Earl Woods gegangen wäre, hätte er lieber kein Kind mehr in die Welt gesetzt. Drei schienen genug. Und er war mit Anfang vierzig auch nicht mehr der Jüngste. Doch Kultida, die Earl Tida nannte, dachte anders. Earl mußte begreifen, daß »in der Kultur der Thailänder eine Ehe nicht als vollzogen gilt, wenn aus der Vereinigung der beiden keine Kinder hervorgehen«. Und daß sie sich in ihrer neuen Heimat entfremdet und allein fühlte. Belastet von den Einwänden ihrer Verwandten, die sich gegen eine Ehe mit einem dunkelhäutigen Amerikaner ausgesprochen hatten.

So gesehen war der kleine Eldrick Woods, der am 30. Dezember 1975 in Long Beach in Kalifornien auf die Welt kam, von Anfang an das Ergebnis eines interkulturellen Kompromisses. Der Vater, der als Offizier Tugenden wie Disziplin und Strenge zu akzeptieren gelernt hatte, überließ es seiner Frau, dem Sprößling den Sinn des Lebens zu vermitteln. Sie machte ihn zum Buddhisten und zeigte ihm den Weg zu jener inneren Entspanntheit und Selbstsicherheit, die nur wenige Kinder aus Kontinente überspannenden ethnischen Bindungen haben.

»Auf vielerlei Weise wurde Tiger wie ein asiatisches Kind erzogen«, erinnert sich Earl, der sich für das seelische Befinden seines Sohnes nie wirklich zuständig fühlte. Er besaß noch keine Pläne für den Säugling. Im Gegenteil. Seine erste Reaktion im Kreißsaal war: »Mein Gott, ist er häßlich.«

Aber das änderte sich. Zunächst lief alles wie von alleine: Das Kind zeigte Respekt gegenüber den Eltern und anderen Erwachsenen, Vertrauen zu den eigenen Instinkten und ein besonderes Verantwortungsgefühl. Schon früh ging Tiger auf, daß die Ehe zwischen seinen Eltern nicht richtig funktionierte und nur deshalb hielt, weil es darum ging, ihn – das Golf-Talent – auf die Startrampe zu einer erfolgreichen Profi-Karriere zu hieven. Und so versicherte er irgendwann seinem allgegenwärtigen »Dad«, daß er für seine Mutter sorgen werde, sobald er auf der PGA-Tour genügend Geld verdienen würde. Er hielt Wort. Kaum waren seine ersten Werbeverträge unter Dach und Fach, kaufte er seiner Mutter im kalifornischen Tustin eine Villa, während Earl es vorzog, in dem alten Haus in Cypress zu bleiben. Dort hatte die Familie all die Jahre gelebt. Dort setzte er sich hin und begann, seine Memoiren zu schreiben, und dort träumte er von einer Zeit, in der aus dem Haus, in dem sein Sohn aufgewachsen war, ein Schrein von der Güteklasse »Graceland« werden würde.

Earl hat schon immer große Träume geträumt. Doch der Weg zum Golf gehörte anfänglich nicht dazu. Erst ein Jahr, bevor Tiger auf die Welt kam, hatte er zum ersten Mal einen Schläger in der Hand. Aber als er einmal anfing, war er nicht mehr zu bremsen. Er trainierte nicht nur auf dem Platz. Er baute die eigene Garage um und schlug nachts Bälle in ein Netz. Sein

Sohn konnte noch nicht sitzen, da spannte ihn Earl in der Garage in einen Stuhl, und er sah zu, wie sein Vater mechanisch übte und sich einen Golfschwung aneignete, von dem er noch heute gerne behauptet, der sei zum Nachahmen geradezu ideal gewesen.

Der alte Woods bestreitet, daß er seinem Sohn die Leidenschaft am Golfen eingetrichtert habe. »Er muß das alles durch eine mystische Osmose gelernt haben.« Aber woher kamen die Sätze aus dem Mund eines Zweijährigen, der die Schwungbewegung anderer Spieler beobachtete und erklärte: »Schau, Daddy, dieser Mann dreht auf dem falschen Fuß?« Wer fütterte ihn denn mit dem Wissen über Technik und Training, so daß er im Alter von drei beim Spiel auf dem Platz ältere Jungen besiegte? Wer sorgte dafür, daß Tiger wußte, was ein Double-Bogey auf einem Par-5-Loch ist, noch bevor er bis zehn zählen konnte? Wer brachte ihm bei, mit fünf in Blockbuchstaben, weil er noch nicht flüssig schreiben konnte, Autogramme zu geben? Wer inspirierte ihn dazu, mit sechs auf Fragen nach den Gründen seiner außergewöhnlichen Fortschritte mit jener banalen Antwort zu reagieren: »Üben, üben, üben«?

Es war Earl. Der Mann, der seinen Sohn zu den ersten Fernsehsendungen fuhr. Der ihm die Liebe zum Spiel und die Freude am Training beibrachte. »Ich vermittelte ihm, daß es keine Abkürzung gibt, daß du aus dem Spiel nur das herausholst, was du hineinsteckst.« Also sprach Earl Woods. Und sein Sohn entdeckte, daß ihn sein Talent eines Tages noch weit bringen könnte.

Als er drei Jahre alt war, lochte er in einem dieser kleinen Putting-Wettbewerbe, die der Vater inszenierte, siebzig Mal hintereinander den Ball aus einem

Meter Entfernung ein. Earl rief: »Das ist lächerlich.« Aber Tiger grinste nur: »Daddy, das macht Spaß.«

Als er sechs war, bat er seine Eltern, ihm Golf-Videos zu kaufen. Earl legte noch ein paar Motivations-Kassetten dazu. Tiger notierte die Kernsätze auf kleinen Zetteln und heftete sie an sein Bücherregal. Tiger fühlte sich wohl, wenn er im Mittelpunkt des Interesses stand. Er spielte besser, wenn eine Fernsehkamera auf ihn gerichtet war. Doch das war nicht alles, was Earl Woods beim Blick auf die Zukunft seines Sohnes interessierte. Viele Schwarze in Amerika sprechen ein slang-geprägtes Englisch, das sie als Repräsentanten der kulturellen Unterklasse ausweist. Earl, dem sein eigener Aufstieg in der Armee in Erinnerung war, kannte die Situation und achtete darauf, daß Tiger korrektes Englisch lernte. Ebenfalls unter vielen Schwarzen in den USA verbreitet ist ein gewisses naßforsches Selbstbewußtsein, das im Ghetto seine Berechtigung hat, aber in der Country-Club-Atmosphäre des weißen Amerikas, wo ein gewisses Maß an Reserviertheit gepflegt wird, als unkultiviert interpretiert wird. Earl ahnte, daß sich ein schwarzer Golfer nie erlauben konnte, was einem weißen Tennisspieler wie John McEnroe immer wieder nachgesehen wurde – Wutausbrüche, schlechtes Benehmen, Flüche. Tiger verstand. »Der Junge war intelligent.«

Als der Sohn elf Jahre alt war, geschah das Unvermeidliche: Tiger, der brav alles in sich aufgesogen hatte, was es zu lernen gab, schlug zum ersten Mal seinen Vater auf dem Golfplatz. Earl Woods hatte plötzlich ein Problem. Seine systematische Schulung hatte exakt das hervorgebracht, wozu sie gedacht war – einen Golfer, der auf einem mittelmäßigen Platz mit einem 72er-Standard eine 71er Runde zustande brachte. Doch plötzlich war sein eigenes Ego angeknackst. Und er brauchte eine Weile, bis er eine neue Rolle entdeckte. Die des Beraters, der den Rest seines Lebens damit zubringen würde, sein Selbstwertgefühl aus den Erfolgen seines Schützlings zu ziehen.

Earl hatte ein gutes Auge für Leute, die seinem Sohn helfen konnten. Er engagierte den ersten Trainer John Anselmo, fand in dem ehemaligen Marineoffizier Jay Brunza den idealen Sportpsychologen, der ihm später bei den Amateur-Meisterschaften auf dem Platz als Caddy zur Seite stand. Er besorgte den Agenten, den Anwalt und mit Butch Harmon einen Schwunglehrer, der der explosiven Kraft, die Tiger Woods aus seinen eleganten Bewegungsabläufen gewinnt, den letzten Schliff gab.

Auch Kultida wirkte mit. Und tat mehr, als den Sohn hin und wieder zum Training zu fahren und ihn aufzumuntern, wenn es auf dem Platz mal nicht so gut lief. Irgendwann ging sie mit dem Geburtshoroskop ihres Sohnes zu einem Tempel in Los Angeles und später zu einem in Bangkok. Dort bestätigte man ihr, woran alle glaubten: »Sollte er Politiker werden, dann wird er Präsident oder Premierminister. Geht er zum Militär, dann wird er General.« Kultida hatte nichts dagegen. Es legitimierte ihre Einschätzung des von ihr geborenen Geschöpfes: »Tiger besitzt thailändisches, afrikanisches, chinesisches, indianisches und europäisches Blut. Er kann alle Welt zusammenhalten. Er ist ein Kind des Universums.«

Das Kind fand sich in solchen Denkschemata hervorragend zurecht und begann selbst, an die von seinen Eltern erfundene Rolle zu glauben. Daran, daß er eines Tages der beste Golfer aller Zeiten sein würde, daß ihm alle Handicaps und Leistungstäler auf dem

Weg dahin als Lernerfahrung zugute kommen würden. »Haben Sie angenommen, daß Sie dies so früh im Leben erreichen könnten?« fragte ihn ein Journalist nach seinem ersten Sieg als Professional im Oktober 1996 in Las Vegas. Tiger Woods mußte nicht lange überlegen: »Ja, auf gewisse Weise schon.«

Andere Sportler würden die Erwartungen, den Ehrgeiz und die Projektionen von Eltern und Freunden als Belastung empfinden. Tiger tut es nicht: »Ich halte das nicht für beängstigend oder für belastend. Ich halte es für einen glücklichen Umstand. Auf diese Weise habe ich in meinem Leben immer gewußt, wohin ich gehen will und mich von nichts abschrecken lassen. Dies ist der Sinn meines Lebens. Und er wird sich allmählich enthüllen.«

Und sei es mitunter in den unvermeidlichen Krisen, die selbst einen Superstar unversehens ereilen. Wie zum Beispiel jene Phase in seinem ersten Profi-Jahr, als sich das Wirtschaftsunternehmen »Tiger« über dem jungen Golfer zu einem riesigen Gewicht auftürmte. Da stritten sich auf einmal sogar Vater und Sohn, sonst ein Herz und eine Seele. Und Earl mußte zugeben, daß er im Laufe von zwanzig Jahren an vieles gedacht hatte, aber nicht daran, seinen Sohn auf die vielen kleinen Entscheidungen vorzubereiten, die der Image- und Charismabetrieb jemandem abverlangt, dessen Lächeln Millionen in gute Laune versetzen kann. »Ich hatte ihm nicht beigebracht, daß er eines Tages der Boß einer Firma sein würde. Dafür gab es einfach keine Trainingsmöglichkeit. Und ich hatte angenommen, daß sich alles viel langsamer entwickeln würde. Zum ersten Mal in seinem Leben lag er hinter der Wirklichkeit zurück. Und ich sah es ihm an: Er ging durch die Hölle.«

Ein paar Stunden später hatten sich die beiden wieder vertragen. Ein paar Tage danach hatte Earl ein Treffen der wichtigsten Berater organisiert, um einen Plan zu entwerfen, der es dem Golfer erlaubt, sich auf das zu konzentrieren, was er wirklich beherrscht: das Golfspielen.

»Das ist der Unterschied zu anderen Athleten auf diesem Niveau«, erklärte John Merchant, der jahrelang als Anwalt und Freund der Familie die Verhältnisse aus nächster Nähe erlebte. »Sie hatten nicht dieses Maß an Orientierung. Mit einem solchen Vater und einer solchen Mutter bleibst du einfach mit beiden Füßen am Boden.«

»Ich habe Golf dazu benutzt, um ihm Lektionen über das Leben beizubringen«, beschreibt Earl Woods die Richtschnur, an der er jahrelang seine pädagogischen Schritte ausrichtete. »Darüber, wie man das nötige Verantwortungsbewußtsein entwickelt. Und wie man psychologischem Druck standhält.« Rudy Duran, der in den ersten Jahren als Techniktrainer an der Verfeinerung von Tigers Spielanlage arbeitete, gefiel die Erziehungsmethode: »Bei Earl gab es kein Jammern und kein Schmollen, wenn er mal nicht gut spielte. Das hat er seinem Vater abgeschaut.«

Ebenso wichtig erschien es dem Vater, dem Filius einzutrichtern, das jemand mit seiner Begabung und seinen Zielen sich gar nicht erst den simplen Verlockungen des Lebens hingeben sollte. Als Tiger 1994 in den Los Angeles Open spielte, signalisierte er seinem Vater, er solle sich mal zwei Frauen genauer anschauen, die sich unter den Zuschauern befanden und von Loch zu Loch den Tiger-Troß begleiteten. »Ich drehte mich um«, erinnert sich Earl, »und sah rechts von mir zwei der hübschesten Frauen, die ich je in meinem Leben gesehen hatte. Tiger wußte, daß sie Tour-Groupies waren, und er lachte die ganze Zeit, als er den Fairway entlangmarschierte.«

Die Abnabelung von seinem Erzeuger und wichtigsten Ratgeber, der trotz aller Strenge seinen Sohn in all den Jahren kein einziges Mal geschlagen hat, wird sich jedoch nicht aufhalten lassen, auch wenn der junge Woods im Vorwort zum Buch von Earl noch einmal die enge Verbindung der beiden feierte. »Pop« – so das familieninterne Kosewort für seinen Vater – » ist für vieles zuständig. Er ist mein Ratgeber, mein Trainer, mein Gewissen, meine Inspiration und mein Held. Ohne seine Freundschaft, Anleitung und Unterstützung wäre ich nicht dort, wo ich heute bin. Pop hat mich immer dazu herausgefordert, in allen Bereichen der Beste zu sein. Seine Worte und Aktionen lehrten mich, wie man Grenzen weiter hinausschiebt und sich steigert, und zwar auf dem Golfplatz und außerhalb. Und das ist auch heute noch so.«

3. Kapitel

Aus einem anderen Holz: Athletik, Technik und das mentale Spiel

Die Nummmer 17 auf dem Stadium Course des Tournament Players Club von Sawgrass in Ponte Vedra Beach ist nicht irgendein Loch, sondern so etwas wie das definitive Golfproblem, schön übersichtlich und attraktiv angelegt. Ein Par 3 mit einem Grün, das als kleine Insel, eingerahmt von Bunkern und Palmen, in einem großen Teich schwimmt. Anders als bei gewöhnlichen Löchern hat der Architekt Pete Dye eine geographischen Besonderheit geschaffen, die den Abschlag, ballistisch betrachtet, beinahe zu einer Übung im Ziellöffeln macht. Eine Aufgabe, bei der sich der kleinste Fehler rächt. Die besten Profis, die jedes Frühjahr zur Tour Players Championship in das Golf-Mekka im Nordosten von Florida fahren, ziehen für die 125 Meter von den hinteren Tees bis zur Fahne ein Neuner-Eisen aus dem Sack. Tiger Woods – in kurzen Hosen, das Gesicht von einem großen, weißen Strohhut beschattet – zögerte jedoch bei der Schlägerwahl. Ihn irritierte der Wind, der von hinten blies. Aus diesem Grund entschied er sich schließlich zu einem kürzeren Schläger, dem Pitching Wedge, und peilte direkt die Fahne an.

Als der Ball abhob und sich wieder senkte, tat er allerdings nicht, was Woods beabsichtigt hatte. Statt als sogenannter Fade nach rechts zu driften, flog er nach links. Woods »wäre beinahe schlecht geworden«. Und seine Mutter, die das Geschehen zu Hause am Fernsehgerät verfolgte, bekam »fast einen Herzinfarkt«, als sie sah, wie der Ball hinter der Fahne und nur ein paar Schritte vom Teich entfernt auftupfte. »Ich habe nur gesagt: Gott, laß ihn nicht ins Wasser rollen.«

Der Ball sprang zurück und blieb knapp vier Meter vom Loch entfernt liegen. Als Woods zum Birdie eingelocht hatte, flog die rechte Faust im Stile von Boris Becker in die Luft. Er konnte sich freuen. Selten setzt ein Golfer mit der Dreistigkeit eines Zockers zwei Löcher vor Schluß alles aufs Spiel und gewinnt auf diese Weise zum ersten Mal in seiner Karriere die amerikanischen Amateurmeisterschaften.

Die Euphorie war so groß, daß er sich hinterher an die Gedanken, die ihm vor dem Putt durch den Kopf gegangen waren, nicht mehr erinnern konnte. »Ich war geistig woanders, in der Zone« – in jenem geheimnisvollen Zustand, in dem das Bewußtsein dem Unterbewußtsein Platz macht und in dem alles gelingt, was sich ein Athlet vornimmt.

Kaum etwas beschreibt die psychische Beschaffenheit von Tiger Woods besser als diese Szene aus dem Jahre 1994. Sie weist ihn als einen Golfer aus, der jedes Loch mit dem Bestreben attackiert, es um einen Schlag besser zu spielen, als man ihm zutraut. Diesen Drang hat er auch im Profi-Zirkus nicht eingebüßt. Als er 1996 vor der Aufgabe stand, bei sieben Turnieren durch gute Plazierungen die Spielberechtigung für die nächste Saison zu erringen, zielten seine Träume bereits eine Etage höher: Richtung Ryder-Cup.

Er kalkulierte, daß er drei Turnier gewinnen müsse, um die automatische Startberechtigung für die Mannschaft zu erlangen, die zwölf Monate später nach Spanien flog. Davis Love, einer der Amerikaner, die sich für den Ryder-Cup qualifizierten, war beeindruckt: »Er spielt nicht ums Geld. Er denkt nicht darüber nach, daß er hundertundnochwastausend Dollar einspielen muß, um unter die besten 125 zu kommen. Er versucht zu gewinnen. Gewinnen und nichts anderes als gewinnen. Ich mag das. Wir müssen uns alle warm anziehen. Der Junge wird eine Macht.«

Das sahen die Topspieler innerhalb kurzer Zeit mit ihren eigenen Augen. Aber keiner von ihnen wurde derart vorgeführt wie Tom Lehman, der 1996 als Spieler des Jahres gefeiert worden war. Seine Form war auch noch Anfang 1997 herausragend, als er im kalifornischen La Costa im Stechen um den Sieg auf Tiger Woods traf.

Die Konfrontation gilt inzwischen als legendär. Nicht weil Lehman seinen Abschlag am ersten Playoff-Loch, einem Par 3, in einen Teich schmetterte. Sondern weil jeder andere Gegner nach einem derartigen Mißgeschick seines Kontrahenten nicht mehr getan hätte, als den Ball mit einem Null-Acht-Fünfzehn-Schlag aufs Grün zu befördern, um die Siegprämie von 296 000 Dollar und die Schlüssel für einen neuen Wagen aus Stuttgart einzustecken. Nicht so Tiger Woods. Der griff zum Siebener-Eisen und nahm Maß – auf dem regennassen Grün sprang der Ball kaum hoch und wäre fast ins Loch gekullert. Auf dem Platz triumphierte Woods leise. Doch hinterher ließ er durchblicken, wie sehr er die Herausforderung genossen hatte. »Hätte ich den Ball so nah an die Fahne spielen müssen, wäre ich wahrscheinlich etwas aggressiver an die Sache herangegangen.«

Noch aggressiver? Was hatte mehr Wucht als dieser

eine Ball, mit dem Tiger Woods Lehman und all den PGA-Profis, die den Emporkömmling als Eintagsfliege abtun wollten, eine simple Botschaft zukommen ließ? Was war eindeutiger und kaltschnäuziger, unverfrorener und ging tiefer als dieser Schlag? Er signalisierte: Ich fighte immer. Ich bin nie nervös. Mit mir muß man in jedem Augenblick rechnen ... Er illustrierte, was Tiger Woods einmal in einem anderen Zusammenhang über sich gesagt hatte: »Ich mag es, mich mit anderen zu messen. Mir ist egal ob Golf oder Nintendo oder eine Schulklasse.« Und er unterstrich den Satz, den sein Vater einst geprägt hatte: »Er ist völlig rücksichtslos. Außerhalb vom Platz ist er sehr menschlich. Aber auf dem Platz schneidet er dir die Kehle durch. Im Handumdrehen. Und anschließend sieht er dir dabei zu, wie du verblutest.«

Was Earl Woods bei solchen Gelegenheiten gerne ausläßt, ist die Art und Weise, wie er, der ehemalige Green Beret mit der Erfahrung des Dschungelkrieges in Vietnam, seinem Sohn im Laufe der Jahre den Killer-Instinkt förmlich eingetrichtert hat. Meistens geschah dies beim Training, das der Senior überwachte, auch wenn jemand anderer für das Einüben der Technik zuständig war. Aber mitunter ließ Earl Woods auch in der Öffentlichkeit seinen erzieherischen Ideen freien Lauf. »Was denkst du eigentlich, wer du bist?« brüllte er ihn an, nachdem er erlebt hatte, wie Tiger Woods aus Unzufriedenheit über sein Spiel den Sieg in einem Junioren-Turnier lustlos verschenkt hatte. »Golf schuldet dir gar nichts. Was für eine Frechheit, so einfach aufzugeben. Du wirst nie wieder aufgeben. Hast du verstanden?«

Während andere Golfer aus Angst davor, sich zu sehr mit den komplexen Sachverhalten in ihrem Inneren auseinanderzusetzen, nur ungern über ihre mentalen Anstrengungen sprechen, besitzt Tiger Woods nicht die geringste Hemmschwelle. Wenn er in Stimmung ist, plaudert er locker über sich und sein Selbstbewußtsein: »Was mir gegenüber anderen einen Vorteil gibt? Zwei Dinge. Und beide haben mit meinem Kopf zu tun. Erstens trägt mich mein Verstand durch schwierige Situationen, und ich steige mental einfach nicht aus. Das zweite ist meine Kreativität. Wenn ich einen Ball nicht richtig treffe, dann macht mir das Spaß. Das ist so ähnlich wie bei Seve [dem zweifachen spanischen Masters-Sieger Severiano Ballesteros]. Ich mag es einfach, einen Weg zu finden, wie ich aus den Schwierigkeiten herauskomme. Auf diese Weise habe ich die meisten Turniere gewonnen, an denen ich teilgenommen habe.«

Das galt vor allem für die drei US-Amateur-Meisterschaften, bei denen Woods psychologisch von jenem Modus profitierte, der bei den anderen Profi-Turnieren, abgesehen vom Ryder-Cup, längst ausgestorben ist: dem Lochwettspiel oder Match Play. Ein langer Zweikampf Mann gegen Mann, Loch um Loch. »Jede Runde ist anders«, hat Tiger Woods festgestellt, der von der direkten Herausforderung ganz besonders stimuliert wird. »Du mußt ständig nachdenken und ständig mitbekommen, was der andere Typ tut.«

Was ihm auf dem Platz auf vielerlei Weise hilft, ist sein Imaginationsvermögen und seine reduzierte Wahrnehmung. Wenn er einen Ball 120 Meter weit schlagen muß, und sei es unter erschwerten Bedingungen unter einem Ast hindurch und über einen Teich, dann schaut er Richtung Fahne, kalkuliert die Entfernung und setzt seine Hände, seine Arme, seine

Schulter und seine Hüfte in Bewegung. Alles Gefühl. Alles Intuition.

Tiger Woods hat gelernt, seinem Unterbewußtsein zu vertrauen. »Meine Instinkte haben mich noch nie getrogen.«

Was sich bei den Amateurmeisterschaften 1994 am 17. Loch in Sawgrass abspielte, gab nur einen Vorgeschmack auf das, was Woods mit seiner Kreativität, seinem Willen und seiner Nervenstärke erzwingen kann. Es wiederholte sich bei den nächsten zwei Titelkämpfen, als er erneut zeitweilig zurückfiel, um kurz vor Schluß doch noch aufzuholen und seine Gegner mit brillantem Spiel zu irritieren. 1994 auf dem Platz des Newport Country Club in Rhode Island geschah es am letzten Loch, als er den Ball mit einem Achter-Eisen relativ flach und ohne viel Effet aus 115 Metern auf knapp 50 Zentimeter an die Fahne legte. Der Schlag war so formidabel, daß der sonst so kritische und bedächtige Trainer Butch Harmon ins Schwärmen geriet: »Daran haben wir lange gearbeitet. Aber unter Druck ist es schwerer umzusetzen. Um so stolzer bin ich, daß er es auf dem letzten Loch des Turniers getan hat.« Auch sein Gegner Buddy Mariucci war trotz der Niederlage begeistert: »Tiger ist der beste Golfer, den man auf diesem Niveau je gesehen hat. Er ist schlank, er ist stark, sein Schwung ist beeindruckend. Sein Ball fliegt so schnell, daß man ihn mit bloßem Auge kaum verfolgen kann.«

1996, als er seine Amateur-Laufbahn in Pumpkin Ridge außerhalb von Portland/Oregon mit Titel Nummer drei abschloß, kaute er bis zum vorletzten Loch an einem Rückstand. Dann versenkte er einen Zehn-Meter-Putt (»ein Gefühl, das ich nie vergessen werde«), zog gleich und besiegelte den Erfolg im Stechen.

Der fünffache British-Open-Gewinner Tom Watson ist davon überzeugt, daß ein Instinktspieler wie Woods sich nicht von jener Krankheit anstecken lassen wird, die andere Profis befällt, sobald sie ihre erste Prämien-Million verdient und den ersten Sponsoren-Vertrag abgeschlossen haben: »Das Problem ist das viele Geld. Je mehr du gewinnst, desto weniger strengst du dich an. Er geht anders ran. Er will den anderen den Hintern versohlen.«

Nur wenige PGA-Profis wissen überhaupt mit dieser tiefenpsychologischen Konstellation umzugehen und lassen sich nicht innerlich vom guten Leben korrumpieren. Außer vielleicht einer Handvoll ehrgeiziger junger Spieler wie Justin Leonard, der 1997 die British Open gewann und der nur vier Jahre älter ist als Woods. Der Texaner, der nicht mit solchen athletischen Voraussetzungen ausgestattet ist wie Woods und aus diesem Grund sehr methodisch und unterkühlt spielt, freut sich über eine Rivalität von der Art, wie man sie nur auf einem Golfplatz ausleben kann: »Es ist angenehm zu wissen, daß du da draußen mit jemandem stehst, der mehr will als Platz drei der Preisgeld-Liste zu belegen.«

Die Lust auf die große Herausforderung mag anmaßend wirken. Aber mit diesem Eindruck lebt Tiger Woods schon lange. Als er mit 18 Jahren als US-Amateurmeister zum ersten Mal zum Masters nach Augusta fuhr, wurde er von Reportern gefragt, was er sich für das Turnier vorgenommen hätte, von dem er wußte, daß an ihm die besten Golfspieler der Welt teilnehmen. »Gewinnen«, antwortete er mit ernstem Gesicht. »Mein Ziel ist, das Turnier zu gewinnen.«

Die Journalisten, die sich in Augusta gerne als Gralshüter von hundert Jahren Golf-Geschichte aufführen, waren über eine derartige Portion an Selbstbewußtsein nicht besonders amüsiert. Profis wie Fred Couples, denen die Ankündigung zu Ohren kam, spotteten: »Ich denke, er wird noch herausfinden müssen, daß dies nicht irgendein Turnier ist.« Woods sah jedoch trotz der Reaktionen keinerlei Veranlassung, die Äußerung zurückzunehmen. »Ich habe noch bei keinem Turnier gedacht, daß ich es nicht gewinnen kann. Ich bin geistig einfach so strukturiert. Es ist etwas, an das ich immer geglaubt habe. Und etwas, an das ich immer glauben werde.«

Als er Ende des Jahres 1996 nach zwei Siegen bei sieben Starts seine ersten Erfahrungen als Jung-Profi rekapitulierte, klang er eher unzufrieden: »Ich habe noch nicht mein bestes Golf gespielt.« Wieder reagierten die Meinungsmacher irritiert. Kannte der Junge kein Maß?

Tatsächlich sind für Tiger Woods alle Turniere, bei denen er antritt, gleich. Andere Spieler sehen in den vier Majors – Augusta, die British Open, die US Open, die PGA-Championship – karriereprägende Zwischenstationen und sehnen sich danach, das häßliche Etikett abzustreifen, das jene zu Zweiter-Klasse-Profis macht, die es im Rahmen ihrer Laufbahn versäumt haben, sich einen der vier Pokale für ihren Trophäenschrank zu sichern. Diese strenge Kategorisierung lebt von der uramerikanischen Auffassung, daß ein sportlicher Wettbewerb immer auch ein Willenskampf ist. Wer mehr will, gewinnt mehr. Wer mehr gewinnt, genießt mehr Respekt.

Woods hat dieser Betrachtungsweise, die zwischen dem ersten und dem zweiten Platz die Grenze zwischen Triumph und Niederlage zieht, eine weitere Facette hinzugefügt. Er betrachtet seine Siege bestenfalls als Zwischenschritte zu einem größeren Ziel: Er will eines Tages als der beste Golfer aller Zeiten in die Geschichte eingehen. Davis Love, der 1997 nach Jahren voller Mißerfolge die Wanamaker Trophy in Empfang nehmen konnte, die dem Gewinner der PGA-Championship überreicht wird, und so das Stigma los wurde, »der beste Spieler, der noch nie ein Major gewonnen hat«, zu sein, empfand vor einer solchen Karriereplanung Respekt: »Ich habe noch nie einen Menschen mit einem derartigen Selbstvertrauen erlebt.«

Die innere Stärke ist über Jahre gewachsen. Schon als kleiner Junge verglich er sich mit den Großen, in deren Fußstapfen er treten wollte. Er heftete ein Blatt Papier an die Wand und hielt darauf alle bedeutenden Erfolge fest, die er als Teenager erringen konnte – darunter den dreimaligen Gewinn der amerikanischen Junioren-Meisterschaft in der Gruppe der Spieler unter 18. Der Sinn der Übung: Er wollte den Fortschritt seiner Entwicklung mit der von Jack Nicklaus vergleichen, der aufgrund seiner zahlreichen großen Siege auch heute noch der Maßstab ist, an dem sich Woods messen lassen muß. Tatsächlich übertraf der junge Woods teilweise die Leistungen des jungen Nicklaus, der als 18facher Majors-Sieger noch heute als der beste Spieler aller Zeiten gilt.

Aber auch wenn Tiger Woods – noch – nicht der Beste ist – mit seiner unnachahmlichen Mischung aus Ehrgeiz und Tatendrang, Lust aufs Risiko und auf die Bestätigung des eigenen Könnens, zusammen mit seinem blendenden Aussehen, den gewöhnlich durchdachten Stellungnahmen und dem perfekten Golfschwung ist er innerhalb kürzester Zeit eindeutig zum charismatischsten Sportler der Welt geworden.

Ausgestattet mit dem gewissen Etwas, das vielen talentierten Athleten schlichtweg fehlt und das der Sport-Psychologe Jay Brunza, der ihn jahrelang begleitet hat, mit den Worten charakterisiert: »Er ist kein Robo-Golfer. Er braucht keine zusätzliche Motivation von außen. Er hat alles, was er braucht. Golf ist für ihn ein pures Vergnügen.«

Eine Kategorie wie »Vergnügen« mag auf den ersten Blick völlig unmaßgeblich für den Erfolg eines Sportlers wirken. Besonders in einer Disziplin, in der man sich alles, wirklich alles, egal, ob es kinderleicht aussieht oder so verblüffend wie ein Zirkusakt, erst durch jahrelanges Üben aneignet.

Aber spätestens, wenn man einmal einem so erfahrenen Mann wie Claude Harmon jr. genannt Butch, gelauscht hat, versteht man, daß es auf einem Golfplatz, wo jeder Schlag eine neue Situation schafft, auf die der Computer im Gehirn nach einer Antwort suchen muß, und wo Ärger und Enttäuschung die fein kalibrierte Muskulatur aus dem Rhythmus bringen können, ohne Vergnügen nicht geht. »Du kannst derart tief in dieses Spiel eintauchen, daß du überhaupt keinen Spaß mehr daran hast«, weiß Harmon, der Tiger Woods seit sechs Jahren trainiert. »Es ist ein Spiel, das manche so ernst nehmen, daß sie es gar nicht mehr spielen können.«

Der Sohn des Masters-Gewinners von 1948, dessen Brüder allesamt Golflehrer sind, unterrichtet seit Jahren im Lochinvar Golf Club außerhalb von Houston/Texas und begleitet die Stars, die ihn um Rat bitten, zu den Turnieren. Seine Arbeit mag zwar den Anschein von Wohltätigkeit haben, aber kostenlos ist sie nicht. Im Gegenteil. Wer Butch Harmon bucht, der in der Branche als Schwung-Doktor einen Namen hat, muß tief in die Tasche greifen. Sein Stundenlohn beträgt 300 Dollar.

Deshalb ist es auch heute noch ein Rätsel, auf welcher Basis 1993 das Arrangement zwischen der Familie Woods und Harmon, der früher islamischen Hoheiten wie Hassan II. von Marokko und Reza Pahlewi von Persien die Feinheiten des Sports beibrachte, zustande kam. Tiger ging damals in die Schule, und von dem vielen Geld, das er später verdienen sollte, war noch nichts zu sehen. Keiner der Beteiligten hat je über die Einzelheiten geplaudert. Wichtig ist im nachhinein wohl auch nur, daß sie zustande kam.

Harmon arbeitete Anfang der neunziger Jahre mit dem Australier Greg Norman, der damals die Weltrangliste anführte und als »long hitter« galt. Seine Erfahrungen mit Norman ließen sich relativ leicht auf den jungen Tiger übertragen. Der hörte denn auch aufmerksam zu, nachdem er beim ersten Treffen auf einer Driving Range einen Eimer Bälle in die Luft gejagt hatte und ihn Butch Harmon ansprach: »Tiger, weißt du was? Greg Norman hat zwei großartige Hände. Aber du hast die großartigsten Hände, die ich in meinem Leben gesehen habe.«

Doch das Kompliment war nur die pädagogisch geschickte Einführung in eine erste Lektion: »Ich wette«, sagte Harmon, »daß du, kurz, bevor vor du den Ball triffst, fühlen kannst, ob der Schläger leicht geöffnet ist, und daß du dann deine Hände ein wenig drehst, um den Schläger auszurichten. Das gleiche, wenn du plötzlich merkst, daß du ihn zugemacht hast. Stimmt's?«

Tiger nickte: »Ja, das mache ich ständig.«

»Also werden wir deinen Schwung ändern, damit der Schläger den Ball häufiger ganz gerade trifft. Das wird deinen Händen erlauben, mehr mit dem Ball anzustellen.«

Earl Woods war begeistert: »Butch kam gleich auf den Punkt. Er isolierte das Problem.«

Die psychische Konstitution und das Ballgefühl eines Golfers gehören zu den Eigenheiten, die er mitbringt. Genauso wie die Muskulatur, die sich im Idealfall so dehnen, drehen und spannen läßt, daß die Ausholbewegung eine Energie freisetzen kann, mit der ein langer Schläger mit einem massiven Kopf den Ball über ungeahnte Entfernungen fliegen läßt. »Sein Schwung ist derart explosiv, daß das laute Zischen Erinnerungen an den Start der Indy 500 wach werden läßt«, schwärmt Golf-Autor John Andrisiani, der sich jahrelang mit den technischen Aspekten des Spiels beschäftigt und die Trainingsanleitung *The Tiger Woods Way* verfaßt hat. Manche hören beim »golfspielenden Charlie Parker« Töne, die »andere nicht treffen«, wie der Sport-Kolumnist Mike Lupica in der Zeitschrift *Men's Journal* schrieb. Sobald Tiger Woods den Ball anspricht und sich konzentriert, entsteht unter den Zuschauern eine gespannte Erwartung. Wenn er trifft, suchen Tausende von Augenpaaren den Himmel ab und staunen jedes Mal wieder über den Flug des kleinen Titleist-Balles. Doch das akustische Phänomen hat einen recht profanen Grund: Die Schwungbewegung von Tiger Woods beschleunigt den Schläger auf eine Geschwindigkeit von knapp 200 Stundenkilometern.

Was die körperlichen Eigenschaften von Tiger Woods angeht, so glaubt Butch Harmon den wichtigsten Aspekt schon vor einer ganzen Weile herausgefunden zu haben: die Länge der Muskulatur, die »fast der eines Leichtathleten ähnelt«. Sie verstärkt, was laut Harmons Theorie angeboren ist: das Fließende in seinem Bewegungsablauf. »Das erlaubt ihm, durch den Ball zu schwingen, als wäre er eine Peitsche. Dazu kommt, daß er von Anfang an sehr gut geschult wurde. Earl hatte ein gutes Gespür für den Golfschwung.«

Andrisiani hat durch aufmerksames Studium von Videoaufzeichnungen und Fotografien herausgefunden, daß dieser unorthodoxe Schwung aus vielen kleinen Lektionen besteht, die Vater und Sohn bei den weniger orthodoxen Großmeistern des technischen Spiels abgeschaut haben – vor allem bei Ben Hogan und Jack Nicklaus. Ohne allzu technisch zu werden: Von Hogan, dem dominierenden Profi der späten vierziger und frühen fünfziger Jahre, sind die breite Beinstellung in der sogenannten geschlossenen Position, der Ausgangspunkt der Hände zu Beginn der Ausholbewegung hinter dem Ball, die Art des Hüftknicks und das geringe Anwinkeln der Knie. »Diese Position erlaubt dir, freier auszuholen und in den Ball hineinzuschwingen«, erklärt der ehemalige Weitenjäger Mike Dunaway.

Von Nicklaus sind der verschränkte Griff, den Golfer »interlocking« nennen, bei dem der Zeigefinger der linken Hand den kleinen Finger der rechten Hand umfaßt, die Ansprechposition, bei der der Schläger nicht auf dem Boden liegt, sondern ein paar Zentimeter hoch in der Luft hängt, und die nach rechts geöffnete Schulter. Die Fähigkeit, diese Schulter beim Ausholen weit über 90 Grad zu drehen, steigert im Fall von Tiger Woods den Effekt.

Was Butch Harmon sah, war ein Golfer, dessen Potential trotz der entwickelten Fähigkeiten noch gar nicht ausgeschöpft war. Doch als guter Psychologe trieb er die Weiterentwicklung bewußt langsam voran. Typisch sein Verhalten zu Beginn: Statt seinen Schüler mit einer Vielfalt von Änderungen zu konfrontieren, beobachtete er ihn lieber und unterhielt sich mit ihm am Telefon, um herauszufinden, was der Teenager alles über Schwungmechanik wußte. Als nächstes sah er sich Videoaufzeichnungen an. Erst als sich Harmon sicher war, an welchen technischen Feinheiten Tiger Woods arbeiten mußte, setzte er sich mit ihm zusammen und erklärte, seine Beinarbeit sei schludrig und seine Hüfte drehe zu sehr.

»Nachdem er mir zugehört hatte, sagte Tiger, er sei bereit, das zu ändern«, erinnert sich Harmon, der die Episode in seinem Buch »The Four Cornerstones of Winning Golf« festhielt. Zuerst konzentrierten sich die beiden vor allem auf die Beinstellung. »Weil Tiger 1,86 Meter groß ist, hatte er Probleme, die viele großgewachsene Männer besitzen, nämlich eine überaus weite und überaus steile Ausholbewegung. Ich wußte, daß Tiger in dem Moment, in dem er eine extra-breite Beinstellung einnimmt und die Hüfte weniger stark dreht, kürzer ausholt, aber weiter schwingt. Aber was noch wichtiger war: Die Beinstellung würde seinen viel zu sehr involvierten rechten Fuß ruhig stellen und dadurch den Ablauf des gesamten Schwungs verbessern.«

Das Ergebnis war, daß er die Bälle kontrollierter schlug. Tiger Woods, der bis dahin hin und wieder den Sieg in einem Turnier verschenkt hatte, weil er einen Teil seiner mächtigen Abschläge vergeudet hatte, wenn die Bälle ungeplant in die Büsche und Bäume rechts und links der Fairways flogen, wurde konstanter. Ein paar Jahre später begann er auf Anraten von Butch Harmon damit, den rechten Ellenbogen freier schwingen zu lassen. Eine Veränderung, die die Reichweite seiner Bälle auf Entfernungen jenseits der 280 Meter hinausschob. Die rohe Power war jedoch gezähmt. »Auch wenn es so aussieht, als ob er den Ball mit 100 Prozent attackiert, schwingt er doch nur mit 75 Prozent«, sagt Harmon. »Auf diese Weise ist er in der Lage, die Bewegung perfekt auszubalancieren. Ich weiß, man will es gar nicht glauben, aber er kann mit dem Driver noch über 30 Meter weiter schlagen.«

»Aber das macht überhaupt keinen Sinn«, hat Tiger Woods inzwischen begriffen. »Denn dann weiß ich nicht mehr, wohin der Ball geht. Ich versuche es ab und zu. Auf einem Par 5 wie dem 16. Loch in Las Vegas, aber nur, wenn ich mich wirklich wohl dabei fühle.« Oder dann, wenn es bei einem Skins-Turnier gegen einen Weitenjäger wie John Daly geht, der in der Zeit, bevor Woods Profi wurde, mit seinen Heumachern die langen Distanzen ganz allein dominierte.

Der Hauptvorteil des Energiesparprogramms ist der Zuwachs an Präzision. Sie gestattet es Woods, auf einem gängigen Par-4-Loch jeweils mit dem zweiten Schlag die Birdie-Attacke vorzubereiten und eine 3 zu spielen und auf jedem Par 5 von einer 3 zu träumen, die in der Golfersprache Eagle genannt wird. Das Tuning seines Repertoires veränderte auch seine Einstellung zum Anspielen des Grüns aus Distanzen von 130 bis 150 Metern. Früher entschied er sich in solchen Situationen gewöhnlich für den kürzeren Schläger und einen kräftigen Schwung. Heute votiert er meistens für den längeren Schläger, greift kürzer und schwingt souveräner. Andere Erträge aus dem jahrelangen Training unter Anleitung von Harmon: Beim Spiel aus den Sandhindernissen gehört er mittlerweile zu den Besten. Seine Putts rollen immer häufiger wie an der Schnur gezogen.

»Ich mag Tigers gesamtes Spiel«, schrieb Ex-Profi Johnny Miller in der Zeitschrift *GolfWorld*. »Sein Chippen, sein Putten, sein Bunkerspiel, alles.«

»Tiger Woods ist der Prototyp des Golfers im 21. Jahrhundert«, sagen eine Reihe von Experten. Denn für sie symbolisiert er – in einer Zeit, in der eine wachsende Zahl von Spielern mit begrenztem Talent die oberen Ränge der PGA-Tour belegen – das Rund-um-Paket: die langen Schläge eines John Daly, das Ballgefühl und die Kreativität eines Severiano Ballesteros und den Denkansatz eines Tom Watson. Alles das wird abgerundet von einer enormen mentalen Stärke und einer begnadeten genetische Anlage, die den renommierten britische Golflehrer David Leadbetter, der den dreifachen Masters-Sieger Nick Faldo betreut, stark beeindruckt: »Das alles zusammen ergibt dieses allmächtige Patsch.«

Die Eleganz und Effektivität seines Schwungs, der seine Ursprünge nach Ansicht von Butch Harmon »in einer unglaublichen Geschwindigkeit im Unterkörper« hat, täuscht leicht darüber hinweg, daß Tiger Woods auch in anderen Bereichen ein technisches Fundament besitzt, über das nur wenige Golfer verfügen. Woods lernte schon früh, wie man sich vor einem Schlag am besten konzentriert. Bis heute wiederholt in der Vorbereitung auf jeden Putt den gleichen Aktionsablauf. »Er macht einen Übungsschwung, noch einen und noch einen«, erzählt sein Vater. »Er schaut auf den Zielpunkt, er schaut auf den Ball, er schaut erneut auf den Zielpunkt, er schaut auf den Ball, und dann puttet er.«

Auf der Übungswiese geht er ähnlich systematisch

vor. Seine Kommilitonen in Stanford waren von seinem konzentrierten Training überrascht: »Er kennt seinen Schwung so gut, daß er auf die Driving Range geht, zwanzig Bälle schlägt und dabei das ausbügelt, was nicht richtig sitzt«, erzählte einer, der ihn bei seinen Sessions beobachtet hatte. Tiger weiß vorher, wo es hakt, und arbeitet ohne Umschweife daran, das Problem zu lösen.«

Als er zu den Profis wechselte, saßen einige Mitglieder der Universitätsmannschaft ratlos zusammen und grübelten, worin die besondere Qualität des Golfspiels von Tiger Woods bestehen mag. Die Quintessenz lautet: »Er hat etwas, was die meisten nicht haben. Etwas, was auch Michael Jordan besitzt, und das man nicht wirklich erklären kann. Er ist einfach ein Naturtalent.«

4. Kapitel

Der Caddie: Die ideale Besetzung für eine tragende Rolle

Wenn man versucht, die Essenz einer Sportart zu beschreiben, dann kommt man sich dabei manchmal so vor, als ob man einen Traum nacherzählt. Es ist einfach, das Geschehen zu schildern, aber so gut wie unmöglich, die Motive dahinter aufzudecken. Das gilt ganz besonders für das Golfspiel, das kluge Männer in zahllosen Traktaten und Anekdoten als eine Metapher für das Leben an sich verklärt haben und als Freizeitbeschäftigung, bei der man »neue Einsichten über sich selbst gewinnen« kann. Man muß nur wissen wie.

Ein typisches Beispiel ist das Buch von Michael Murphy, *Golf in the Kingdom*, das halb autobiographisch, halb fiktiv die Geschichte einer transzendentalen Golferfahrung mit einem ungewöhnlichen Golflehrer erzählt und sich zu einem Bestseller entwickelt hat.

Angesichts solcher Verhältnisse ist es nicht verwunderlich, wenn ein Spieler, der wochenlang keine vernünftige Runde zustande gebracht hat, aber plötzlich so gut spielt wie noch nie, seinen Erfolg gar nicht erst zu erklären versucht. »Das war magisch« war alles, was der Amerikaner Ben Crenshaw sagen konnte, als er vor ein paar Jahren zum zweiten Mal das Masters in Augusta gewonnen hatte.

Dabei war die Erklärung für den Formanstieg eher banal. Sie hatte mit einem gewissen Carl Jackson zu tun, einem schweigsamen, geduldigen Mann, der im Laufe der Jahre Dutzende Male mit Crenshaw den schwierigen Parcours des Augusta National Golfclubs abgelaufen war. Der sah zwei Tage vor Beginn des Turniers auf der Übungsanlage, woran Crenshaw krankte. »Leg den Ball ein bißchen weiter nach hinten und dreh die Schultern stärker«, sagte er. Der Satz war Geld wert. Crenshaw hatte nach vier Probeschlägen den alten Dreh heraus.

Es sind Sätze wie diese, die die jahrhundertealte Geschicklichkeitsübung der schottischen Küstenbevölkerung vom Spiel mit Murmeln unterscheidet. Denn nur beim Golf kommt man in den Genuß eines Mannes wie Jackson, der wie ein Dienstbote wirkt, aber in Wirklichkeit ein echter Mit-Spieler ist.

Es gibt viele professionelle Caddies, die, gleichsam als Personifizierung einer uralten Klassengesellschaft und ihrer sportlichen Vergnügungen, die schweren Golfsäcke schultern, den aufgepflügten Rasen reparieren und den zertretenen Sand harken und die angeschmutzten Schlägerköpfe putzen. Die kundigsten unter ihnen sind wahre Pfadfinder und Spurenleser, die die vielen Schwierigkeiten eines 18 Löcherplatzes wie ein Computer im Gehirn speichern. Ihr Wissen ist Macht. Aber es bedeutet gewöhnlich keinen Ruhm. Die Annalen des Golfsports lesen sich ähnlich wie die politische Geschichte, die, wie Bertolt Brecht in seinem Gedicht *Fragen eines lesenden Arbeiters* polemisierte (»Cäsar schlug die Gallier. Hatte er nicht wenigstens einen Koch bei sich?«), galant über alle Nebendarsteller hinweggeht. In Augusta, wo Caddies weiße Overalls tragen, steht nicht etwa ihr Name auf ihrem Rücken geschrieben, sondern der des Spielers, für den sie Dienst schieben.

Um so denkwürdiger wirkte jene Szene, die sich 1997 exakt dort abspielte, wo Crenshaw dank Jackson sein zweites Grünes Jackett gewonnen hatte: in Augusta, wo der Woods-Clan in einem gemieteten Haus unweit des Golfclubs noch bis spät in die Nacht den Masters-Sieg von Tiger feierte. Mutter Kultida hatte die Party spontan organisiert. Sie zeigte auf einen Anwesenden nach dem anderen und sagte: »Jetzt sprichst du einen Toast aus.« Und nach jeder Laudatio prostete ihnen der Junior mit einem Amaretto auf Eis zu, trank einen Schluck und grinste. Schließlich sagte die Mutter: »Nun bist du dran, Tiger. Dein Toast, bitte.«

Der Masters-Champion drehte sich um und wandte sich an einen Mann mit einem breiten, faltigen Gesicht, einem Schnurrbart und einem T-Shirt der Rockgruppe *Grateful Dead*, hob sein Glas und sagte: »Auf dein Wohl, Fluff. Du bist stark und gelassen gewesen. Ohne dich hätte ich es nicht geschafft. Und deshalb möchte ich mich bei dir bedanken.«

Der Mann wußte nicht, wie ihm geschah. »Als Tiger redete, lief es mir kalt über den Rücken. Meine Augen wurden feucht. Das werde ich nie vergessen.«

Das Leben steckt voller wundersamer Wendungen. Mike Cowan, genannt Fluff, war zwei Jahrzehnte lang nichts anderes als einer von vielen Gepäckträgern, der am Ausgang des Umkleideraums wartet, bis sein Chef herauskommt und sich beide auf den Weg machen. Doch dann, nach fast zwanzig Jahren, war der PGA-Profi, dessen Tasche er getragen hatte, am Rücken verletzt. Eines Abends klingelte das Telefon. Es war Tiger Woods, der soeben zum dritten Mal die amerikanischen Amateurmeisterschaften gewonnen hatte: »Ich wechsle zu den Profis und habe die Absicht, die nächsten sieben Turniere zu spielen. Bei wievielen kannst du für mich arbeiten?«

»Ich denke, eigentlich bei allen«, antwortete Fluff.

Ein paar Tage später traf er auf einer Trainingsrunde in Milwaukee einen Fernsehreporter, dem er erzählte, das Engagement bei Tiger Woods sei befristet. Doch noch am selben Tag änderte er seine Meinung. »Ich sah diese verdammten unglaublichen Schläge. Da waren einige dabei, die kein anderer Pro auch nur versuchen würde. Aber er probierte sie. Er hat überhaupt keine Furcht.«

Es dauerte eine Weile, bis Cowan ein paar Dinge begriffen und gespeichert hatte. Zum Beispiel, welche Schläger für welche Entfernungen gebraucht wurden. Einen Golfer, der mit einem Pitching Wedge Distanzen von 140 Meter attackiert, hatte er noch nicht gesehen. Doch das war nach ein paar Runden kein Thema mehr. Nach vier Wochen einigten sich die beiden auf eine feste Zusammenarbeit. »Ich will zehn Prozent vom Preisgeld« war das einzige, was Cowan verlangte.

Fluff hatte richtig kalkuliert. Nach neun Monaten hatte er mehr verdient als in den zwanzig Jahren zuvor und wurde selbst zu einer Berühmtheit. »Selbst an meiner Tankstelle, wo sie mich früher nie angesprochen haben, heißt es jetzt immer, wenn ich komme: »Sieh mal, da ist Fluff.«

Doch wer glaubt, er könne mit solchen Schmeicheleien dem Mann mit dem zerknautschten Äußeren etwas über seinen Arbeitgeber entlocken, der ist auf dem Holzweg. Über die Partnerschaft gibt er allenfalls spärlich Auskunft: »Er macht seinen Job. Ich mache meinen. Die Leute fragen mich oft, ob ich verblüfft bin. Ich bin nicht verblüfft. Er ist einfach gut.«

Die Komplimente, die sie sich gegenseitig machen, klingen eher sparsam, sind aber ehrlich gemeint. Tiger Woods, der aus Mangel an Erfahrung nicht beurteilen kann, worin auf der PGA-Tour der Unterschied zwischen einem guten und schlechten Caddie besteht, läßt sich nicht lumpen: »Ich halte Fluff für den besten Caddie der Welt. Außerdem ist er ein großartiger Freund.«

Letzteres ist vermutlich der Grund dafür, warum die enge Beziehung zwischen zwei, rein oberflächlich betrachtet, so gegensätzlichen Typen derart reibungslos funktioniert. Der eine ist 22 Jahre alt und geht mit langen, zügigen Schritten über den Golfplatz. Der andere ist 50 und schleppt sich auf seinen kurzen Beinen mit Trippelschritten hinterher. Der eine schlürft Amaretto am liebsten mit Cola. Der andere hält das für ein »erbärmliches Getränk« und hält sich lieber an Flaschenbier und eine Schachtel Zigaretten pro Tag. Der eine hört *Boyz II Men*. Der andere ist ein Fan der psychodelischen Musik von *Grateful Dead*. »Einige Namen von Leuten, die ich als musikalische Helden verehre, hat er noch nie gehört«, sagt Mike Cowan. »Er hat noch nie von Otis Redding oder den Everly Brothers gehört. Und auch nicht von Buddy Holly.«

Nicht daß er sich darüber beklagt. Denn Cowan weiß, daß die beiden deshalb harmonieren, weil er, ein Handicap-2-Golfer, der seine eigenen Ambitionen früh aufgab, das Talent an seiner Seite mit einer Reihe von Fertigkeiten abrundet. Er hilft ihm »mit der Schlägerauswahl und dem Lesen von Putts und dadurch, daß ich es ihm so angenehm wie möglich mache«. Tiger Woods weiß das zu schätzen. »Er und ich reden über alles. Er kennt mich und mein Spiel und meine Adrenalin-Produktion.«

Reden bedeutet, daß Cowan gelegentlich seinem Brötchengeber widerspricht. »Tiger bekommt nicht automatisch ein ›Ja‹ von mir zu hören. Wenn er einen Schläger aus der Tasche zieht, der mir nicht gefällt, dann sage ich ihm das auch.«

Wie er es sagt und wie er dabei aussieht – das macht den Unterschied aus. Fluff Cowan wirkt nicht von ungefähr wie ein gemütlicher, friedfertiger Kerl. Er ist ein Mensch ohne Ego-Probleme und ohne große Bedürfnisse. Der Typ des Mitmenschen, der auf Partys für die Getränke sorgt und weiß, in welchen Restaurants die besten Hamburger serviert werden. Er könnte sich dank der gediegenen Einnahmen mittlerweile ein gutes Hotel leisten. Aber er und sein alter Freund Gypsy Joe Grillo, der Caddie des Australiers Steve Elkington, wohnen lieber in billigeren Motels mit preiswerten Restaurants nebenan. Und dann reden sie über Tigermania. Und keiner weiß so recht, was er davon halten soll: »Auf der einen Seite ist er ein großartiger Golfspieler. Aber auf der anderen Seite auch nur ein ganz normaler Mensch. Es ist erstaunlich, auf welche Weise sich die Leute zu ihm hingezogen fühlen.«

Auch Fluff schwappen die Sympathien entgegen. Dank seines auffälligen Erscheinungsbildes und seiner Allgegenwärtigkeit ist er selbst zu einer Berühmtheit geworden, die auf dem Weg vom Clubhaus zum ersten Tee von den Zuschauern umringt wird und Autogramme geben muß. Daß seine alten Knochen manchmal müde werden nach den vielen Jahren, in denen er die zwanzig Kilo schweren

Taschen voller Eisen, Graphit und Stahl herumgeschleppt hat, wirkt sich jedoch nicht auf seinen Gemütszustand aus. Daß er ein Video mit Golftips herausbringen und Werbeverträge abschließen konnte, hinterläßt keine Spuren in seinem Habitus. »Ich genieße den Trip«, sagt er. »Ich bin nichts besonderes. Ich bin nur ein Caddie.«

Ehe er das wurde, war er ein ziemlich talentierter Golfspieler mit der Hoffnung auf eine Profikarriere. Der beste Mann in der Mannschaft des William Penn College in Oskaloosa/Iowa, wo er den Platzrekord auf 62 drückte. Aber nach dem College trampte er erst einmal durch die Lande und kehrte nach Maine zurück, wo er aufgewachsen war, und arbeitete als zweiter Mann im Martindale Country Club in Auburn.

1976 wurde er Caddie und verdiente bei seinem ersten Turnier ganze zwanzig Dollar. Es ging nur mühsam bergauf. Und das lag nicht nur am Geld. 1978 tat er sich mit Peter Jacobsen zusammen. »Er wohnte mit seinem Hund in seinem Auto, als er zu mir kam. Ich dachte: Warum nicht?« Das Tandem kam knapp zwanzig Jahre lang bestens miteinander aus. Ihre Beziehung war so eng, daß Fluff manchen Winter bei den Jacobsens in Oregon mietfrei wohnte und im Gegenzug im und am Haus werkelte.

Wahrscheinlich wären die beiden noch immer zusammen, wenn nicht Jacobsens Verletzung und Tiger Woods' Anruf dazwischen gekommen wären. Denn Fluff gehört zu den loyalen Leuten, die einen Mann nicht einfach im Stich lassen, nur weil es vielleicht gerade nicht so gut läuft.

Weshalb Jacobsen wie vor den Kopf geschlagen war, als ihm sein Caddie erklärte, das er nicht wieder zurückkommen würde. »Es war ein richtiger Schock. Aber ich freue mich für ihn. Niemand hat es mehr verdient als er.«

Natürlich hat es schon Leute gegeben, die gefragt haben: Wozu braucht ein Mann von dem Können eines Tiger Woods überhaupt einen guten Caddie? Genauso wie es Menschen gibt, die laut einer Umfrage der Zeitung *USA Today* 7 000 Dollar für das Privileg bezahlen würden, Tiger Woods die Golftasche zu tragen. Es wäre sicher ein Fehler. Was man schon bei einem Blick in die Statistik sieht. Bei den 14 Profi-Turnieren, bei denen Woods als Amateur an den Start ging und jeweils keinen ausgesprochen guten Caddie dabei hatte, schaffte er nur fünfmal den Cut.

Mit dem erfahrenen Fluff Cowan, der selbst ein guter Golfer ist, erreichte Woods im Handumdrehen vordere Plätze. Der Unterschied? »Clubbing« – ein Caddie, der seinem Spieler in jeder Situation den richtigen Schläger in die Hand drückt und aus ihm auf die leise Tour die beste Leistung herauslockt. »Ein guter Caddie weiß, wann er seinen Spieler ansprechen und aufmuntern muß und wann er ihn besser in seinem eigen Saft schmoren läßt. Manchmal sage ich ihm: ›Hey, Kopf hoch, und weiter geht's.‹ Manchmal sorge ich dafür, daß er seinen Ärger an mir auslassen kann. Du darfst es nur nie persönlich nehmen. Du mußt es schlucken und weitermachen.«

»Er ist ein ziemlich milder Typ«, sagt Tiger Woods. »Was hilft. Aber er sagt trotzdem seine Meinung, wenn es angebracht ist.« Cowan gefällt die Chemie: »Er ist sehr ehrlich mit mir. Wenn ich das Grün falsch gelesen habe, dann sagt er mir das. Wenn er den Putt verzogen hat, dann gibt er es zu, damit ich nicht denke, ich hätte etwas falsch gemacht.«

Vor ein paar Jahren war er kurz davor, den schweren Job aufzugeben und in Pension zu gehen. Davon ist jetzt nicht mehr die Rede. Auch wenn er betont, daß er nicht wegen des Geldes bei Woods bleibt. »Ich tue es, weil hier Geschichte geschrieben wird und ich den besten Beobachtungsposten habe.«

Ein erstes Symbol für die historische Dimension hängt bereits bei Cowan in seiner Wohnung in Columbus/Ohio. Es ist die Fahne des 18. Lochs von Augusta, die jemand eingerahmt und mit einer Inschrift versehen hat: »Für Fluff, die Nummer 1 unter den Caddies«.

5. Kapitel

Unternehmen Tiger: Eine ganz besondere Tour

Die Frage lag, kaum daß Tiger Woods Berufsspieler geworden war, förmlich auf der Hand. Weshalb es auch niemanden überraschte, daß sie eines Tages von dem angesehenen amerikanischen Wirtschaftsmagazin *Business Week* gestellt wurde: »Hat es je einen Athleten gegeben, der es so rasch so weit gebracht hat?« Der Artikel, den das Blatt dieser Frage widmete, sollte kein kurzer werden. Das hatte nicht nur mit den vielen Aktivitäten und Verzweigungen in dem aufblühenden Wirtschaftsunternehmen mit dem Spitznamen »Tiger Inc.« zu tun. »Es ist schwer, nicht von dem Phänomen angesteckt zu werden«, rechtfertigte das Blatt den seitenlangen Bericht über den »Raketenritt zu Berühmtheit und Reichtum« gegenüber seinen Lesern – Managern und Geldanlegern auf der Suche nach einem schnellen Tip.

Artikel wie diese mit ihren vollmundigen Formulierungen sind es, die den Eindruck erzeugen, als regneten die Millionen auf Sportler herunter wie die Sterntaler im Märchen. Zu kompliziert scheint die Materie, zu unübersichtlich das Netzwerk der beteiligten Personen, um die Berichterstatter zu inspirieren, sich mit den Details zu beschäftigen. Tatsächlich begründen die Verträge und Kontakte eines Athleten vergleichsweise unkomplizierte Geschäftsbeziehungen, um die sich bei den meisten ein Spezialist kümmert. Auch Tiger Woods hat jemanden, der sich für einen prozentualen Anteil an den Einnahmen seinen wirtschaftlichen Interessen widmet: Hughes Norton, ein Angestellter der International Marketing Group (IMG). IMG, gegründet in den Jahren des Tennis-Booms, ist allerdings mehr als ein Beratungsunternehmen. Es ist die größte und einflußreichste Sportvermarktungsfirma der Welt. Zu ihren größten Pluspunkten gehört das Talent ihrer Mitarbeiter, die Karriere eines Athleten zu begleiten und mit den lukrativen Werbeverträgen und sportlichen Erfolgen das Image des Sportlers in der Öffentlichkeit zu prägen.

An der Figur »Tiger Woods« bastelt IMG schon seit Jahren, wobei man allerdings einen Weg finden mußte, der nicht gegen die Amateurbestimmungen des amerikanischen Universitätssports verstieß. Die Lösung: IMG nahm Vater Earl Woods unter Vertrag, den Mann, der die Entwicklung seines Sohnes zum Spitzengolfer von Kindesbeinen an vorangetrieben hatte. Das Unternehmen investierte dem Vernehmen nach jedes Jahr einen sechsstelligen Dollar-Betrag. Doch das gestattete der Agentur, Vater und Sohn schon früh mit den vielen Annehmlichkeiten des Profisports zu locken. Als Tiger Woods zum Beispiel 1991 nach Miami flog, um im Orange-Bowl-Juniorenturnier zu spielen, ermöglichten ihm die guten Beziehungen von IMG, einige Tage in Orlando Station zu machen. Die Reisegesellschaft übernachtete in der Bay Hill Lodge (im Besitz von IMG-Klient Arnold Palmer) und spielte eine Runde im Isleworth Country Club mit Mark O'Meara (der Masters- und British-Open-Sieger des Jahres 1998 ist ebenfalls seit Jahren mit IMG verbunden), aus der sich eine Freundschaft entwickeln sollte. Heute lebt Woods in der von Mauern und uniformierten Posten abgeschirmten Prominenten-Siedlung außerhalb von Orlando.

Die enge geschäftliche Beziehung zwischen der Familie und dem Marketing-Unternehmen sollte sich für beide Seiten im entscheidenden Moment auf dramatische Weise auszahlen. Als Tiger Woods nach dem Gewinn seiner dritten Amateurmeisterschaft offiziell seinen Abschied vom Collegesport und seinen Übertritt zu den Profis erklärte, lagen die Verträge, die ihn zum Multimillionär machen sollten, unterschriftsreif vor. Einen Tag, nachdem Tiger Woods beschlossen hatte, das Studium aufzugeben, klopfte es an seiner Hoteltür. Es war Norton, der müde war, aber in guter Stimmung nach einer langen Nacht, in der er mit den Abgesandten von Nike verhandelt hatte. Als er berichtete, daß Nike bereit sei, über fünf Jahre vierzig Millionen Dollar zu zahlen, konnte er seinen Triumph nicht verbergen: »Das ist mehr als dreimal soviel wie das, was Norman verdient.« Der Australier Greg Norman – genannt »The Shark« – hatte beim Nike-Konkurrenten Reebok einen seinerzeit beachtlichen Werbevertrag über 2,5 Millionen Dollar pro Jahr ausgehandelt.

Doch die erste Reaktion war Schweigen.

»Jungs, begreift ihr, daß Nike mehr zahlen will als jedem anderen Sportler? Selbst Michael Jordan bekommt kein solches Garantiegehalt.«

Das Schweigen hielt an.

»Schließlich,« so erinnert sich Norton, »sagte Tiger ›Mmmm-hmmm‹. Und ich habe ihn gefragt: Das ist alles? Mmmm-hmmm?› Kein ‹Ach du lieber Gott‹? Kein High-Five oder ›Ya-hooo!‹? Also habe ich gesagt: ›Laßt mich das alles noch einmal erklären, Jungs.‹ Aber dann sagte Tiger doch etwas: ›Ich vermute, daß ist ziemlich erstaunlich.‹ Das war alles. Einen Tag später habe ich den Deal mit Titleist abgeschlossen und bin wieder zu ihm gegangen und habe ihm gesagt: ›Ich schäme mich fast, dir das zu erzählen. Titleist bietet etwas mehr als zwanzig Millionen über fünf Jahre.‹«

Die Begeisterung des Agenten war verständlich. »Steigt Tigers Stern, klettert auch das Barometer für Hughes Norton«, analysierte die deutsche Ausgabe der Zeitschrift *GQ* in einem Woods-Porträt jene fragile Wechselbeziehung zwischen Klasse und Kasse. »Verglüht er, ist es schneller Nacht für Norton, als er ›Bunkerschlag‹ sagen kann.«

Doch während die Öffentlichkeit und gestandene Golf-Profis noch über die Summen staunten, die für Woods bereitstanden, bevor er sein Können unter Beweis gestellt hatte, entwickelte Norton – Absolvent der Elite-Universitäten Harvard und Yale – bereits die Strategie für die nächste Phase.

Der Woods-Clan konnte sich leisten, so zu tun, als ob ihm Geld nichts bedeute, wie Earl Woods das in seiner Autobiographie immer wieder unterstreicht. »Mit den Kernverträgen, also denen über die Bekleidung, die Schuhe und die Mütze, die Tiger trägt, über die Schläger und den Golfball, mit denen er spielt, hat er für den Rest des Lebens ausgesorgt.«

Das Konzept war wohlüberlegt. Tiger Woods sollte als Repräsentant einer kleinen Gruppe von angesehenen Unternehmen auftreten und sich dabei so teuer wie möglich verkaufen. Mutter Kultida war zufrieden: »Wir sind keine gierige Familie«, beteuerte sie. »Wir betreiben nicht den Ausverkauf unseres Sohnes.« Auch der Sohn wies jeden Verdacht zurück, er habe nur die großen Dollarbeträge im Auge. »Wenn ich zuviel mache, dann leidet das Golfspiel. Und das will ich auf keinen Fall.«

Die ersten beiden Verträge hatten exakt den gewünschten Zuschnitt. Auf Anraten investierte Tiger Woods das Geld zu einem Teil in die Restaurant-Kette Planet Hollywood International, Mutterfirma des Official All-Star-Cafe, an der bereits eine Reihe von anderen namhaften Sportlern wie der Eishockeyspieler Wayne Gretzky und der Basketball-Profi Shaquille O'Neal aktiv beteiligt sind.

Um seine Aktivitäten zu kanalisieren, gründete er ein Unternehmen – ETW Inc. (die Abkürzung steht für Eldrick Tiger Woods) –, verlegte aus steuerlichen Gründen seinen Wohnsitz von Kalifornien nach Florida und kaufte sich, um den Autogramm-Jägern auf den Flugplätzen und den vielen anderen Unpäßlichkeiten auf Linienflügen zu entgehen, für 1,95 Millionen Dollar ein eigenes Flugzeug – einen Learjet.

Der Jung-Unternehmer Tiger Woods bemüht sich darum, über die zahlreichen neuen Verpflichtungen nicht die Kontrolle über sein Leben außerhalb des Golfplatzes zu verlieren. Zumal er als Jung-Star mit einem Turniersieg bei einem Major-Turnier den Firmen, die für seine Auftritte in Werbespots und bei internen Veranstaltungen viel Geld bezahlen, kein akzentuiertes Image anbieten kann. Noch immer ist er das Wunderkind, das kam, sah und siegte. Und er weiß es. Wenige Tage vor dem Masters-Sieg flößte er seinen Beratern ein: »Ich bin immer noch ein Jugendlicher. Ich denke, die Leute vergessen das leicht. Ich will, daß mein nächster Werbespot mich als Jugendlichen zeigt.«

Die Werbeagentur griff die Idee auf und skizzierte den jungen Woods bei der nächsten Kampagne – für einen weiteren Vertragspartner, die Kreditkartenfirma American Express, die ihm 13 Millionen Dollar zahlte – in der Rolle, die ihm und seinem allgegenwärtigen Vater besonders gut gefällt: als Sohn eines fürsorglichen Mannes. Weitere Auftritte werden folgen. Als Athlet vom Zuschnitt eines Michael Jordan, der mit dem Warenkorb aus langfristigen Werbeverträgen (von Sportbekleidungsfirma und Basketballhersteller über Telefonunternehmen und Fast-Food-Kette bis zu Sonnenbrillen-Designer und Getränkemarke) den Standard dafür gesetzt hat, wie weit die Koalition von Werbung und Sport gehen kann, weiß Woods, daß die richtige Auswahl der Partner wichtiger ist als die Höhe der Gage. Gelungene, dauerhafte Kampagnen kreieren eigene Markenzeichen (im Fall von Jordan die Schuhserie »Air Jordan« und den Slogan »Be like Mike« des Getränkeherstellers Gatorade), die bis weit über das Ende einer sportlichen Laufbahn hinaus ihre Strahlkraft behalten.

Je größer das Zielpublikum desto besser. »Wir wollen, daß er bei den Grunge-Kindern genauso ankommt wie bei den Großmüttern«, hat Hughes Norton verkündet.

Wäre Tiger Woods nur ein erfolgreicher Golfer, ständen seine Chancen nicht halb so gut. Seine besondere Qualität, so hat der kalifornische Werbefachmann Richard Zien festgestellt, geht weit über den sportlichen Status hinaus. Es ist das gewisse Etwas, was Zien am liebsten mit einem Beispiel aus der NBA verdeutlicht: »Larry Bird war ein ebenso großartiger Basketballspieler wie Magic Johnson. Aber Bird bekam so gut wie keine Werbeverträge angeboten. Magic hingegen konnte sich kaum retten, weil er die Fähigkeit besitzt, aus sich herauszugehen und das Publikum anzusprechen. Tiger ist ähnlich. Er will jedes Mal gewinnen, wenn er auf den Platz geht. Er will, daß die Gegner Respekt vor ihm haben. Und das spüren die Leute. Zu dieser Art von Aggressivität fühlen sie sich einfach hingezogen.«

Auch die PGA-Tour registrierte den Effekt. Commissioner Timothy W. Finchem sah mit Genugtuung, daß die Einschaltquoten ebenso anstiegen wie die Besucherzahlen. Die meisten Turniere mußten ein plötzliches Zuschauerplus von vierzig Prozent und mehr verkraften. Das Finale der US-Masters von 1997 verfolgten 14 Millionen Amerikaner – so viele wie noch nie in der Geschichte des Turniers.

Mit Tiger Woods scheint Golf auf dem Weg zum Multimedia-Happening ähnlich dem Super Bowl. Jim L. Awtrey, der Vorstandsvorsitzende der PGA of America, glaubt nicht, daß diese Entwicklung auf die USA beschränkt bleiben wird. Er rechnet damit, daß IMG Woods mit Blick auf den Weltmarkt häufiger zu Turnieren nach Europa und Asien reisen lassen wird. Der amerikanischen Golfindustrie wäre nichts lieber. Sie hat in den Vereinigten Staaten nach dem Tiger-Boom, von dem Ausrüster quer durch alle Fabrikate profitierten, eine Sättigungsgrenze erreicht und bemüht sich um den Export in andere Länder.

Für Nike bedeutete die Verpflichtung von Tiger Woods eine Neuorientierung. Zwar waren bis zum Masters-Sieg hausintern die Skeptiker in der Mehrzahl, die der Spürnase ihres Chefs Phil Knight nicht trauten. Doch einen Tag danach war die Investition von vierzig Millionen Dollar vergessen. Nike-Sprecher Nelson Farris lobte den Gründer und Vorstandsvorsitzenden: »Knight hat gesehen, daß dieser Junge im Grunde all das repräsentiert, was wir hier immer predigen. Jenen Charakter, der alles andere überstrahlt.«

Zwar bleibt Golf im Sportartikel-Imperium der größten Ausrüsterfirma der Welt, die sich inzwischen auch in Wintersportarten wie Eishockey und Skifahren engagiert, ein kleiner Posten. Doch die Zuwachsraten scheinen den Aufwand zu rechtfertigen. 1997 erzielte Nike im Golfbereich ein Plus von sechzig Prozent und peilt für das Jahr 1998 einen Jahresumsatz von 180 Millionen Dollar an.

Sehr viel augenfälliger war ein weiteres Ergebnis der Partnerschaft zwischen Nike und Woods: der Geschmackswechsel unter den Amateurspielern – weg von den kreischenden Farben und aufdringlichen Dessins, hin zum subtileren Auftritt, wie man ihn früher kannte. Vater und Sohn Woods sind stolz darauf, daß sie einen gewissen Einfluß auf die Entwicklung hatten. »Tiger und ich haben drei Tage lang mit Nike verhandelt, ehe die Tiger-Woods-Linie herauskam. Uns geht es darum, daß alles richtig gemacht wird. Wir wollen erste Klasse und Spitzenqualität.«

Niemand vermag in die Zukunft zu schauen. Aber die Experten wissen: Die allgegenwärtige Präsenz des neuen Golf-Genies auf den Sportkanälen und in der Werbung könnte sich auf die Dauer genausogut negativ auswirken. Und zwar zuerst auf die Form des Spielers bei den Turnieren und dann auf das Interesse der Öffentlichkeit an dem Star.

Einer von ihnen, Lewis Jones von der großen Werbeagentur J. Walter Thompson in New York, warnte zum Beispiel: »Das Risiko ist groß, weil alle Leute immer dann zuschlagen wollen, wenn ein Sportler im Gespräch ist. Aus lauter Sorge, daß eine solche Gelegenheit nie wiederkehrt. Aber tatsächlich muß man weiterdenken. Es geht nicht nur darum: Wann schlägt man zu? Sondern auch: Wann wartet man? Wann zieht man sich zurück. Es ist ein kompliziertes Geschäft. Nur wenige wissen wirklich, wie es funktioniert.«

Niemand verschließt sich stärker gegenüber solchen Mahnungen als der ehemalige Presse-Offizier Earl Woods, der stets im Verdacht steht, seine Rolle als väterlicher Mentor zu überziehen. Warnende Töne deutet er in »Kritik und Lügen« um, in den Verdacht, »daß Tiger benutzt und manipuliert wird und sich zuviel zumutet und daß durch seine Verpflichtungen und Termine seine Leistung leidet. Geld motiviert mich nicht. Und es motiviert Tiger auch nicht. Tiger kann man nicht kaufen. Genausowenig wie mich«. Fragestellern, die Woods jr. mit solchen Fragen behelligen, wurden bislang stets ähnliche Auskünfte beschieden: »Mein Nike-Vertrag und Titleist und das All-Star-Cafe, das betrachte ich wie ein Bankkonto. Aber es stimuliert mich nicht annähernd so wie das Geld, das ich durch Blut, Schweiß und Tränen auf dem Golfplatz verdiene. Denn für dieses Geld trage ich ganz allein die Verantwortung. Das andere Zeug hängt doch nur davon ab, wie gut dein Agent ist.«

Tatsächlich stimmt diese Aussage bestenfalls zum Teil. Schon bald nach seinen ersten großen Erfolgen begab sich Tiger Woods auf große Reise nach Australien und Asien, wo man ihm allein dafür, daß er kommt, nach Schätzungen über 400 000 Dollar pro Turnier an Antrittsgeld zahlt. John Feinstein, der solche Praktiken in seinem Buch *Tiger Woods – The First*

Coming kritisiert, warnt vor den Gefahren einer Belastung, an denen andere Sportler irgendwann gescheitert sind, und gibt der International Marketing Group pauschal die Schuld an der Situation. »IMG ist so gut und so aggressiv, wenn es darum geht, Spieler nach Übersee zu schicken, daß die Profis inzwischen einen Ausdruck geprägt haben, der die Extra-Belastung und ihren Effekt auf den Spieler beschreibt: ›Er wird geIMGieht‹.«

Das berühmteste Beispiel für einen Sportler, der von IMG betreut wurde und in jungen Jahren ausbrannte, ist die Tennisspielerin Jennifer Capriati, die 1992 in Barcelona ihren größten Erfolg errang, als sie die Olympische Goldmedaille gewann. Capriatis Aufstieg war phänomenal. Sie erreichte im Alter von 13 innerhalb von nur sechs Monaten die Top 10 der Weltrangliste, gewann ihr erstes Auto, bevor sie einen Führerschein machen konnte, und trat in allerlei Werbespots als das sympathische Mädchen von nebenan auf. Das Tempo ihres Lebens und ihrer Erfolge war rasant, und ihre Mutter erkannte durchaus, daß »alles viel zu schnell geschieht«. Dennoch lebte die Familie, die sich von dem Geld ein großes Haus an Floridas Westküste gekauft hatte, bestens vom Können ihrer Tochter, die, wenn man landläufige Gesetze zugrunde legt, verbotener Kinderarbeit nachging. Am Ende sollte nichts davon übrigbleiben, als Jennifer Capriati mit Marihuana in der Tasche von der Polizei erwischt wurde.

Sowohl Earl als auch Tiger Woods weisen den Vergleich mit der Familie Capriati weit von sich. Dennoch hält ihnen John Feinstein die Parallelen vor: »Beide Familien waren bereit, ihre Kinder in Essensgutscheine zu verwandeln, bevor sie Profis wurden.

Stefano Capriati hörte auf zu arbeiten, als seine Tochter neun war, um sie zu ›trainieren‹. Den einzigen Job, den Earl Woods seit 1988 innehatte, war der, den Hughes Norton und IMG für ihn bereithielten. Beide waren bereit, früh und oft den Erfolg ihrer Kinder für sich zu reklamieren.«

Doch selbst ein so forscher Kritiker wie Feinstein traut sich nicht, Woods ein ähnlich trauriges Schicksal zu prophezeien wie das, mit dem das Tennis-Mädchen aus Florida, das inzwischen zweitklassige Turniere abtingelt, fertig werden muß. Er billigt ihm zu, zukünftige Persönlichkeitskrisen zu meistern. »Er kann damit umgehen. Denn er ist intelligent, zäh und scharfsinnig.«

6. Kapitel

Die Imagemacher, die Industrie und das Internet: »Ich bin Tiger Woods.« »Nein, ich.« »Nein, ich.«

Für manche trägt der Erfolg eines dunkelhäutigen Golf-Phänomens aus Kalifornien in der Lieblings-Sportart der weißen amerikanischen Mittelschicht die Züge einer mittleren Kulturrevolution. Nicht nur, weil seine Präsenz in den exklusiven Golf-Clubs endgültig die letzten Mauern jahrhundertelanger Rassentrennung einreißt. Im Gefolge von Tiger Woods tritt eine neue Generation von Zuschauern die gepflegten Grashalme der Greens und Fairways flach. Tausende strömen zu Turnieren, nur um ihn von nahem zu sehen. Es stört sie nicht, daß ihnen die Besonderheiten des Spiels nicht vertraut sind. Wenn nicht alles täuscht, werden sie die grundlegenden Aspekte früher oder später lernen und nicht länger bei jedem Ball klatschen, egal, ob er gut oder schlecht gespielt war.

Amerikas Golf-Stars haben schon immer Menschenmassen mobilisiert. Arnold Palmers Fans waren die treuesten. Sie kamen in Kompaniestärke und nannten sich »Arnies Soldaten«. Aber die Vergangenheit verblaßt gegen den Ansturm von heute. Woods kennt seine Fans: »Es sind viele Leute darunter, die noch nie Golf gespielt haben, vor allem Kinder.« Eine Folge: Golf, ohnehin eine Wachstumsbranche, wird sich in den nächsten Jahren keine Sorgen um den

Nachwuchs machen müssen. Schon jetzt zieht es mehr Teenager als je zuvor auf die Driving Range – einen Spruch auf den Lippen und einen Traum im Kopf: »I'm Tiger Woods«.

Hinter der Begeisterung und der Schwärmerei stecken massive wirtschaftliche Interessen und einflußreiche Image-Gestalter: Den größten Einfluß dürfte auf die Dauer der Sportausrüster Nike haben, der mit seinen Werbekampagnen von John McEnroe bis Michael Jordan und von Andre Agassi bis Ronaldo aktiv und aggressiv das Bild von Athleten und den Sportarten prägt, die sie repräsentieren. Aber auch die boomende Golfindustrie und die Werbeagenturen, die immer häufiger Spitzenathleten einsetzen, um gängige Produkte zu vermarkten, haben ihren Anteil. Von diesen drei Faktoren und einem neuen einflußreichen Medium – dem Internet – ist in diesem Kapitel die Rede.

*

Der Gründer der größten Sportartikelfirma der Welt könnte sich Besseres vorstellen, als an heißen Sommertagen bei 33 Grad im Schatten seine Sonnenbrille und einen Strohhut aufzusetzen und zu Fuß über einen Golfplatz zu traben, auf dem Tausende von Zuschauern unterwegs sind, um sich ein Turnier anzuschauen. Aber Phil Knight besitzt ein besonderes Gespür dafür, wann sich Einsatz lohnt. Was man unter anderem daran erkennen kann, daß er es war, der zusammen mit seinen Angestellten in jahrelanger Kleinarbeit aus dem begnadeten, sprunggewaltigen Basketballspieler Michael Jordan mit viel Geld, vielen Ideen und viel Einfühlungsvermögen für Trends das

Bild des modernen marktgängigen Gladiatoren herausgemeißelt hat.

Jordan ist umgeben von Produkten, die seinen Namen tragen, von Slogans, die kurz und griffig mit dem Inbegriff seiner Persönlichkeit arbeiten (»Be like Mike«). Ein Mann, der mehr ist als der vermutlich beste Basketballer aller Zeiten. Mehr als nur ein sportliches Vorbild für Kinder, die von einer eigenen Karriere träumen. Er ist ein Alltagsphilosoph, der für seine ungewöhnliche Ausstrahlung von Knight mit 30 Millionen Dollar im Jahr fürstlich entlohnt wird. Sie entfaltet sich in Werbespots, in denen er genüßlich die Grenze zwischen Privatheit und öffentlicher Person verwischt, so wie das normalerweise Aktionskünstler und Popmusiker tun würden. Berühmt sein Nike-Clip, der Jordan mutterseelenallein in einer halbdunklen Turnhalle zeigte. Während er dort einen Freiwurf nach dem anderen in den Korb setzt, erklingt seine Stimme aus dem Off und verbreitet die Melancholie eines Mannes, der weiß, daß er der Beste ist, aber sich und der ganzen Welt ein ewiges Rätsel geblieben ist. »Was wäre, wenn mein Name nicht in Neonbuchstaben geschrieben würde?« fragt Jordan. »Was, wenn mein Gesicht nicht in jeder zweiten Minute im Fernsehen gezeigt würde? Was, wenn nicht hinter jeder Ecke ein Menschenauflauf entstände? Was, wenn ich einfach nur ein Basketballspieler wäre? Kannst du dir das vorstellen?« Er macht eine kurze Pause, um in der Stille mit einem Satz zu schließen, der subtil den Eindruck erweckt, als habe ein moderner Sysiphus triumphiert und das Unmögliche vollbracht – und wolle nun wieder vom Gipfel hinabsteigen. Der Satz lautet: »Ich kann es.«

Phil Knight, der über die Jahre zahllose namhafte

Figuren wie die Tennisspieler Andre Agassi und Pete Sampras, die Leichtathleten Carl Lewis und Dan O'Brien, die Dream-Team-Basketballer Charles Barkley und David Robinson sowie die gesamte brasilianische Fußballnationalmannschaft, die Kicker von Borussia Dortmund und Formel-1-Weltmeister Michael Schumacher an sein Haus gebunden hat, ist nicht in der Lage, jeden jungen Sportler zum Superstar zu machen. Auf jeden Michael Jordan kommen Hunderte Lars Ricken, die wie in einem Etappenrennen alle an den Start rollen dürfen. Die, die das Tempo nicht mithalten können oder keinen Anklang beim Publikum finden und deshalb nichts zu der Vermarktung der Nike-Produkte beitragen können, fallen einem simplen Prinzip zum Opfer: der Auslese.

Dennoch ist Knight normalerweise bereit, in jeden, dem er das Potential zubilligt, eine Anhängerschaft in Atem zu halten oder wenigstens mit seinen Sprüchen die Öffentlichkeit zu provozieren, eine Weile lang zu fördern. Das geht von der Gage bis hin zu den kreativen Werbespots, die einen Sportler in den USA schneller berühmt machen können als jeder sportliche Erfolg.

Im Spätsommer 1996 ging der Chef der Firma Nike allerdings weit über all das hinaus, was er normalerweise auszugeben bereit ist. Das war bei den amerikanischen Amateur-Meisterschaften im Golf, die unweit der Firmenzentrale in Beaverton in Oregon ausgetragen wurden. Es handelte sich um die Offerte über einen Werbekontrakt, wie es ihn noch nie gegeben hatte. Der Vertrag mit Tiger Woods über fünf Jahre und vierzig Millionen Dollar machte auf einen Schlag aus einem zwanzigjährigen Amateur, der ursprünglich noch zwei Jahre ins College gehen wollte, um seinen Abschluß zu machen, einen der wohlhabendsten Sportler der Welt. Und aus dem bärtigen Phil Knight, der sein Gesicht am liebsten hinter einer großen Sonnenbrille versteckt, einen Hasardeur. Denn die Summe übertraf alles, womit ein junger Golfer, der an noch keinem einzigen Profi-Turnier teilgenommen, geschweige denn eines gewonnnen hatte, hätte rechnen können.

Knight hatte etwas Besonderes im Sinn. Er wollte mit seiner Entscheidung der Öffentlichkeit signalisieren, daß er seinem jungen Geschäftspartner sowohl das Talent als auch das Charisma zusprach, um eine derartige Investition in das Image der Nike-Golf-Kollektion wieder einzuspielen. »Darauf kannst du deinen Arsch verwetten« – »you bet your ass«, erklärte Phil Knight, der ebenfalls die feine Stanford-Universität besucht hat und sich gemeinhin etwas gewählter ausdrückt. »Ich habe nicht Claude Monet malen sehen, aber ich darf erleben, wie Tiger Woods spielt, und das ist ziemlich großartig. Es ist fast wie Kunst.«

Die Nachricht provozierte – ganz im Stil des Hauses. Nicht wenige namenlose Tourtrotter, die schon froh sind, wenn sie genug Geld verdienen, um die Kosten für die Reisen zu den Turnieren wieder einzuspielen, entwickelten Ressentiments. Ein Spieler namens Steve Stricker machte aus seinem Ärger kein Geheimnis. »Soviel verdient ja nicht mal die Nummer 1 in der Welt. Dabei hat dieser Junge noch nicht mal eine Tourkarte.«

Knight erkannte instinktiv, daß es nicht lange dauern würde, bis jede Kritik an seinem Schritt verstummt sein würde. Und bis die Vergleiche mit den

Teenagertagen der beiden Jahrhunderttalente Jack Nicklaus und Arnold Palmer in den Archiven verschwinden würden und Tiger Woods als sportübergreifendes Phänomen halb Amerika beschäftigen würde. Und nur darum ging es ihm: daß der dunkelhäutige Woods mit Hilfe begleitender Werbekampagnen nach Nike-Art von einem mittelmäßig bekannten talentierten Golfer zur Symbolfigur für den lange fälligen gesellschaftlichen Wandel im Golf gemacht werden konnte.

Tatsächlich ist Golf in den USA schon seit längerer Zeit keine exklusive Freizeitbeschäftigung für eine Handvoll reicher Leute mehr. Schon vor Woods begann die Entwicklung der Sportart zu einem attraktiven Vergnügen der Mittelschichten, was in den Vereinigten Staaten zu einem großen Teil zu Lasten der Tennisbegeisterung geht.

Die Nike-Inszenierung des Karrierestarts von Tiger Woods mußte denn auch gar nicht erst eine gesellschaftliche Revolution auslösen. Der Marsch der Millionen in die Golfgeschäfte, wo man für umgerechnet 1000 Mark eine akzeptable Ausrüstung mit allem Drum und Dran – mit Schlägern und einer Tasche, Bällen, Schuhen, Handschuhen, Hemd, Hose und Käppi – erwerben kann, war längst im Gange.

Gerade deswegen paßt einer wie Tiger Woods hervorragend in die Zeit. Er ist jung und unbekümmert und ehrgeizig, hat viele soziale Schranken überwinden müssen und unterwegs alles gewonnen, was es zu gewinnen gab – die Junioren-Meisterschaft, die College-Meisterschaft, die Amateur-Meisterschaft. Ein schlanker, großgewachsener Junge mit einem makellosen Golfschwung, der einen Ball kerzengerade mehr als 300 Meter weit schlagen kann und der, auch ohne das ständige Hosianna von Public-Relations-Managern, das Zeug zu einer Legende hat.

Doch ohne das Kalkül eines Phil Knight und ohne das harmonisch abgestimmte Konzert aus Medien und Werbung mit ihren Geigen und ihren dröhnenden Pauken und Trompeten wäre ein solcher Auftritt eine Randnotiz auf den hinteren Seiten im Sportteil der Zeitungen. Erst dieses Tutti erzeugt ein Gefühl von Unvermeidlichkeit und von großer Show, das kaum jemand so gut vorhersagen kann wie der Nike-Chef. »Ob ich denke, daß Nike Images kreiert, die das Leistungsvermögen der Sportler übersteigen? Meine Antwort ist kurz: Ja. Aber das tut das Fernsehen auch. Es ist das Fernsehen, das die Athleten definiert, wir bauen dieses Image nur noch aus.« Manchmal entsteht auf diese Weise etwas, an das kein Sterblicher heranreicht. Ein Mann wie Michael Jordan kann das nur bestätigen: »In mancher Hinsicht hat es mich vom Spiel selbst entfremdet und in einen Entertainer verwandelt. Für viele Leute bin ich einfach nur noch ein Mensch, der in Werbespots auftritt.«

*

Sportartikel sind in dem Land, in dem Tiger Woods aufwuchs, zu einer 50 Milliarden-Dollar-Industrie geworden. Ein Markt, der in den letzten Jahren von neuen Technologien mit immer mehr Fabrikaten gespeist wurde. Dabei hat der Einsatz von Computern bei der Entwicklung verbesserter Produkte etwa bei der Herstellung von Golfschlägern eine ganze Sportart förmlich transformiert. Widerstandsfähige Materialien wie Titan und Graphit, die ein sehr geringes spezifisches Gewicht besitzen, erlauben es den Designern, größere Schlägerköpfe mit größerem Sweet-Spot zu entwerfen. Das Resultat: Die Schläger der jüngsten Generation sind leichter zu handhaben als die klassischen Schläger aus Holz und Eisen aus den Traditions-Manufakturen, und sie verzeihen einem Anfänger eine Menge seiner gröbsten Fehler. So schwoll der Umsatz der amerikanischen Golfindustrie in den letzten Jahren auf 2,7 Milliarden Dollar an. Die Zahl der Freizeitspieler stieg auf 25 Millionen. Die meisten besitzen keine Club-Mitgliedschaft.

In einem Land, in dem es Tausende von öffentlichen Plätzen gibt und in dessen warmen Winterdomizilen von Kalifornien über Arizona bis nach Florida und North und South Carolina keine Seniorensiedlung ohne einen 18-Löcher-Parcours gebaut wird, kann sich der Zuwachs an Spielern dennoch ungebremst ausleben. Allenfalls in den Ballungszentren wie New York, Chicago und Los Angeles ist das Gedränge so groß, daß die verwegensten Golfer vor den Toren der populärsten Anlagen übernachten, um am frühen Morgen eine der wenigen freien Abschlagzeiten zugeteilt zu bekommen.

Die rasante Entwicklung an der Basis hat die alte Skepsis gegenüber der einst als elitär verrufenen Sportart ausgeräumt und alle Zäune und gesellschaftlichen Schranken verschwinden lassen. Nichtsdestotrotz besitzt das Spiel in manchen Kreisen noch immer einen erheblichen Prestigewert. Besonders unter jungen erfolgreichen Managern, die das Geld verdienen, um unter ihren Freunden mit bis zu 1 000 Mark teuren Schlägern zu renommieren. Andere träumen davon, mit der teuren Ausrüstung ihr Handicap zu verbessern. Eine Sehnsucht, in der sie von der Industrie nach Kräften bestärkt werden.

Callaway, das Unternehmen, das als Vorreiter bei dem Trend zu großvolumigen Drivern und dem Einsatz von Titan gilt und heute Marktführer ist, arbeitet mit suggestiven Mitteln. Dazu gehören der Name der nach einer berühmten Krupp-Kanone aus dem Ersten Weltkrieg benannten »Big Bertha«-Schläger und Texte wie: »Beim Abschlag haben Sie mehr Selbstvertrauen als mit jedem anderen Driver.«

Nach Ansicht vieler Sportartikel-Experten haben Hersteller keine andere Chance, als mit Slogans, die auf die Psyche des verunsicherten Golfers zielen und mit Anspielungen an seine Potenz, die Produkte anzupreisen. In einem Markt, der von Werbebotschaften und ständigen technologischen Neuerungen beherrscht wird, reicht es nicht, daß ein Hersteller seine Ware in die Läden bringt und darauf vertraut, daß der Konsument ihn in dem Markendickicht entdeckt. Marketing-Experten wissen: Ein Sportartikelhersteller muß seinen Kunden am Kragen packen und ihn in seinem Innersten überzeugen, daß das neue Material sein Spiel verbessert.

»Vor ›Big Bertha‹ sickerten die Fortschritte in der Materialentwicklung über die Profis ganz langsam in den Massenmarkt ein«, erinnert sich Golf-Kolumnist Brad Nelson. »Die dicke Bertha kehrte die Entwicklung um. Ähnlich stark war ihre Wirkung bei der Preisgestaltung. Vor Bertha versuchten die Hersteller mit möglichst preiswerten Schlägern einander die Kunden abzujagen. Mit Bertha wurde der teure Schläger zu einem Statusobjekt.«

*

Wer in Amerika lebt, hat sich daran gewöhnt, daß das Fernsehen in den Pausen von Live-Übertragungen eilig der spannungsgeladenen Intimität vor Ort entrinnt, um wie ein nach Sauerstoff japsender, asthmakranker Mensch das Fenster zu einer anderen Welt aufzustoßen. Der Waren-Welt, die dem Zuschauer mit ihren Werbespots die Vorzüge neuer Biersorten, Kleinlaster, Rasiercremes oder Sportschuhe andient.

Dieser Tage schwingt bei vielen dieser zahllosen Werbespots häufig etwas mit, was mit den angepriesenen Waren nur wenig zu tun hat. Bei näherer Betrachtung stellt man fest, daß es sich um einen philosophischen Gedanken handelt. Er berührt die Frage, die sich schon die Diskuswerfer im alten Griechenland gestellt haben dürften und die im Laufe der Jahrhunderte immer wieder neu aufkam: Wieso eigentlich Sport?

Im 19. Jahrhundert schien die Antwort erstmals gefunden – sei es in den Prinzipien der Leibesertüchtigung, wie sie Turnvater Friedrich Jahn verkündete (»frisch, fromm, fröhlich, frei«) oder in dem neo-olympischen Kodex eines Baron de Coubertin, der den sportlichen Wettbewerbsgedanken mildern und anderen Motiven untergeordnet wissen wollte. Der Friedensidee etwa. Oder dem ehrenvollen Grundsatz »Dabeisein ist alles«.

Idealistische Vorstellungen wie diese lassen sich hundert Jahre später nicht annähernd mit dem Sport- und Fitneßgedanken sowie dem sozialen Klima in den USA in Einklang bringen. Sport dient vor allem als Entspannungdroge und als ein Gesellschaftsspiel, an dem der Sozialforscher Charles Darwin seine Freude gehabt hätte. Sport dient als Allegorie auf den gesellschaftlichen Wettbewerb schlechthin, in dem jeder des anderen Gegner ist. Sport stellt und beantwortet die Frage: Was braucht man, um der Beste zu sein?

Was man braucht? Die Auswahl ist zufällig und illustrativ zugleich. Emmitt Smith, der explosive Footballspieler von Super-Bowl-Gewinner Dallas Cowboys, braucht Motivation und die Erregung, die ihn befällt, wenn er im Stadion »hört, wie die Zuschauer durchdrehen«. Lenny Dykstra, ein Baseballprofi, der schon vielen Mannschaften zu Diensten war, braucht »dedication«. Das Wort bedeutet »Hingabe« und klingt im Umgangsenglisch der Profis weniger pathetisch als auf Deutsch. Jemand wie Larry Bird, Dream-Team-Mitglied 1992 und inzwischen Trainer der Indiana Pacers, braucht – und verlangt – Konzentration und das seelenlose, mechanische Wiederholen von Bewegungsabläufen. Sein Dogma lautet: Üben, üben, üben.

Es sind nicht die einzelnen Aussagen an sich, die die neue Rolle der modernen Helden aus den Stadien und Sportarenen Amerikas verdeutlichen. Es sind die Quersumme aus ihren Erklärungen und ihre Allgegenwärtigkeit, die dafür sorgen, daß sie zu Alltagsphilosophen werden.

Ihre Sätze sind für ein paar tausend Dollar käuflich zu erwerben. Aber das ändert nichts daran, daß ihnen eine gewisse Glaubwürdigkeit zugebilligt wird. Amerikas Sportler mögen einst Männer gewesen sein, die den Umstand, daß sie nicht erwachsen werden wollten, zu einem lukrativen Beruf machen konnten, Männer, die von mißmutigen Trainern mit lauter Falten im Gesicht geschurigelt wurden, durch antiquierte arbeitsrechtliche Praktiken wie Sklaven an Clubs gebunden. Heute sind sie Figuren im öffentlichen Bewußtsein – glamourhaft stilisiert und typendifferenziert. Ihre Präsenz in den Massenmedien und über die globale Vernetzung von Satellitenfernsehen, Sportartikelwerbung und Jugendkultur popularisiert sie wie in keiner anderen Sportlergeneration zuvor. Mehr noch. Während das Interesse an den Protagonisten anderer zeitgenössischer Bereiche wie Musik, Literatur oder Kunst abflacht, importiert der Sport einen gesellschaftlichen Diskurs über Wertvorstellungen, Ethik und Moral. Der Gedanke, daß die modernen Panem-et-Circenses-Gladiatoren, allesamt ausgesprochen egozentrische und zwangsneurotische Charaktere ob in Interviews, Werbespots, auf der Anklagebank oder in Ansprachen, für wohltätige Organisationen für eine veränderte Zeitstimmung sprechen, mag zwar irritieren. Aber tatsächlich entspricht er einer Mentalität, die sich in jenen amerikanischen Werbespots artikuliert, die unverblümt die Frage stellen: Was braucht man, um der Beste zu sein?

*

Die Internet-Adresse sagt alles und verrät dennoch nichts. Sie lautet www.tigerwoods.com und gehört zu jenen Aktivitäten, mit denen ein erfolgreicher Sportler heutzutage unweigerlich zu tun hat, wenn er seinen Fans die Illusion vermitteln will, daß sie jeder Zeit ein Stück von ihm haben können. Und sei es ein Stück aus einem fernen elektronischen Speichergerät.

In der Sprache der Computer-Benutzer handelt es sich bei www.tigerwoods.com um die »official web site«, die vom Woods-Clan genehmigte Anlaufstation, die so gut wie alles, was es über den sportlichen Werdegang des 22jährigen zu berichten gibt, in ihren umfangreichen Archiven beherbergt und ständig aktualisiert.

Völlig uneigennützig ist die Einrichtung nicht. Der Betreiber, ein Ableger des großen amerikanischen Fernsehsenders CBS, streut durch die zahllosen Seiten mit ihren statistischen Daten und Berichten, den Video-Schnipseln und Ton-Mitschnitten einige Werbebanner. Und auch der Woods-Clan macht Reklame. Sei es für die Bücher von Vater Earl oder für Tigers Pro Shop, in dem man Tiger-Mützen zum Schutz der Schlägerköpfe erstehen kann, wie sie der junge Woods in seiner Golftasche hat.

Der wichtigste Teil des Online-Angebotes besteht aus den Antworten, die der populäre Golfer alle paar Monate auf Fragen seiner Fans gibt. Die Auskünfte erwecken den Eindruck, als ob der 22jährige nicht besonders gesprächig ist. Sie fallen allesamt nicht ausführlich aus. Seine jungen Anhänger müssen sich mit dem Nötigsten begnügen, etwa wenn ein Mädchen aus Seattle sich erkundigt, wie es ihrem Idol gelingt, im Umgang mit den Medien keinen Anflug von schlechter Laune oder Ärger zu zeigen und fragt: »Ist es schwierig, diese Fertigkeit zu lernen?« Dann besteht die Antwort aus ganzen zwei Sätzen: »Da braucht man Geduld. Glaub mir, das fällt mir manchmal nicht leicht.«

Einem Jungen aus Austin/Texas ist aufgefallen, daß Tiger-Caddie Mike »Fluff« Cowan häufig ein T-Shirt mit dem Bild des verstorbenen *Grateful-Dead*-Gitarristen Jerry Garcia trägt. »Hat er dich je mit der Musik von Garcia bekannt gemacht?« Woods kennt die Klänge, die früher als akustischer Teppich für Kiffer-Abende herhielten. »Aber das ist nicht mein Geschmack. Ich stehe mehr auf R&B und Hip

Hop und manchmal, wenn ich in Stimmung bin, auf Rock'n'Roll.« Das ist alles. Mehr ist nicht aus ihm herauszulocken. Keine Plattentips, keine Band-Namen, keine Plauderei – etwa über Hörgewohnheiten und den Effekt, den Musik auf die Stimmung haben kann.

In diesem Stil geht es weiter. Selbst dann, wenn sich jemand für das Fitneß-Programm von Tiger Woods interessiert. Alles, was der Golfspieler preisgibt, ist eine Information im Stenogramm-Stil: »Mein Trainer Keith Klevin hat ein Programm entwickelt, damit ich stärker und beweglicher werde, ohne daß ich dabei viel an Muskelmasse zulege.«

Wer mehr wissen und vielleicht etwas lernen will, steht im Wald. Wie oft greift er nach den Hanteln? Wieviele Stunden steht er im Fitneß-Studio? Hat das Training schon ein spürbares Resultat gebracht? Solche Fragen bleiben offen. Tiger Woods ist ein vielbeschäftigter Mann, der sich nur selten die Zeit nehmen kann, lange über die vielen kleinen Dinge des Alltags nachzudenken.

Seinem schnauzbärtigen Caddie geht es in der Beziehung bedeutend besser. Er kann sich zwischen den Turnieren, die ihn mittlerweile zu einem wohlhabenden Mann gemacht haben, weitaus intensiver um die Pflege seines eigenen Ruhmes kümmern. Er bedient die »Official Mike ›Fluff‹ Cowan Home Page«, auf der er sich zum »gefeierten Caddie des Golfphänomens Tiger Woods« hochstilisiert (Internet-Adresse: www.fluffsite.com). Die Fluffsite ist eine Spielwiese für seine philosophisch angehauchten Weisheiten, die sogenannten Fluffismen. Auf Tiger Woods spielen die Sprüche nicht an. Sie sind eine Sammlung von Allgemeinplätzen aus zwanzig Jahren Caddie-Dienst: »Ego ist eine wichtige Facette dieses Spiels. Aber manchmal mußt du dein Ego zusammen mit deinem Driver in der Golftasche lassen.« Oder: »Golf ist ein Spiel von Gegensätzlichkeiten. Wenn du den Ball mit Wucht treffen willst, dann muß der Schwung leicht sein. Wenn der Ball weit fliegen soll, dann muß der Schwung ganz weich kommen. Ein weicher, einfacher Schwung bringt solide Ergebnisse und keine Fehlschläge.«

Natürlich hat auch Cowan etwas zu verkaufen: sein Video *Secrets to a Better Golf Score*, in dem er seine ganze Erfahrung auspackt und in eine Reihe von nützlichen Tips einbaut.

Das Bemerkenswerte am Internet ist, daß es neben den herkömmlichen Medien, die Sonderhefte, Bücher und Poster auf den Markt geworfen haben, um von dem Boom zu profitieren, zu einem anschaulichen Barometer für Tiger Woods' Popularität geworden ist. Und das betrifft nicht nur die aktiven Fans, die sich per Computer über die kleinsten Details aus dem Leben des Stars austauschen und die Trommel rühren für das All-Star-Cafe, die Tiger Woods Foundation, eine Stiftung, die einen Teil der Woods-Millionen für gute Zwecke ausgibt, und die zahllosen Bücher über Woods. Die Online-Welt ist zunehmend zu einem Aktionsfeld für kleine und große Medienunternehmen geworden, um Tigermania weiter anzukurbeln. Auch Nike, das sich nach dem Masters-Erfolg in seiner mutigen Entscheidung bestätigt sah, einen Golfer zu verpflichten, der noch keinen einzigen Schlag als Profi getan hatte, kümmert sich um das Online-Image von Tiger Woods (www.nike.com/tiger), das mittlerweile im Rahmen von über 30 Internet-Adressen gepflegt wird. An solche Dimensionen wird man sich gewöhnen müssen. Und an die Lockrufe aus der Tiefe des elektronischen Raumes:

»Ich bin Tiger Woods.«

»Nein, ich.«

»Nein, ich.«

7. Kapitel

Schwarz auf weiß: Ein Mann durchbricht Amerikas Rassenschranken

Vieles im amerikanischen Sport hat sich in den letzten Jahren gewandelt. Auch der Umgang mit dem Thema Hautfarbe. »Früher«, sagt Lee Elder, der in den siebziger Jahren als erster Schwarzer eine Einladung zum Masters erhalten hatte, »wäre Tiger nicht auf die gleiche Weise akzeptiert worden. Ich weiß, was wir durchmachen mußten, nur um zu spielen. 1975 hätte er wahrscheinlich bewaffnete Leibwächter gebraucht, nur um zum ersten Abschlag zu kommen.«

Tiger Woods ist zu jung, um das Gefühl zu kennen, mit dem Angehörige von Minderheiten früher in den USA leben mußten. Aber er hat schon früh davon gehört. Sein Vater hat ihm davon erzählt. Der war als Baseball-Catcher mit seiner College-Mannschaft jahrelang im Süden unterwegs und bekam das Ausmaß der Rassentrennung ganz direkt zu spüren. In manchen Städten war er gezwungen, in den Küchen der Restaurants zu essen, während seine weißen Mannschaftskameraden im Speisesaal saßen. Earl Woods kam zu dem Fazit: »Dies ist die rassistischste Gesellschaft der Welt.«

Weshalb der junge Woods, als er Elder 1997 in Augusta beim Masters begegnete, das Thema bewußt aufgriff und ganz Amerika daran erinnerte, daß es dunkelhäutige Athleten vor ihm sehr viel schwerer hatten. Obwohl: Tiger Woods hat es gewiß nicht leicht gehabt. Und so entschied sich auch die Firma Nike, mit ihrem ersten Werbespot den Finger in die Wunde vieler Amerikaner zu legen, die die gespannte Beziehung zwischen den ethnischen Gruppen des Landes am liebsten ignorieren würden. Der Text lautete: »Es gibt noch immer Golfplätze in den Vereinigten Staaten, auf denen ich wegen meiner Hautfarbe nicht spielen darf.«

Vielleicht hätte er sagen sollen: einer wie er. Denn der Berühmtheitskult öffnet dem Top-Golfer inzwischen jede Tür der letzten großen Zitadellen weißer Herrschaftsideologie. Worauf er anspielte, waren die Erfahrungen eines Sportlers, den noch niemand bewunderte und der erlebte, daß sein Aussehen andere zu den übelsten Reaktionen verleitete. Das reichte von dem Tag, als er noch in die Vorschule ging und ihn eine Gruppe älterer Kinder festhielt, an einen Baum band, ihn mit Steinen bewarf und ihn als »Affe« und »Nigger« beschimpfte. Und es ging bis zu jenem ominösen stummen Blick, mit dem er in den Umkleidekabinen und Restaurants von Golf-Clubs begrüßt wurde. »Etwas, das ein Weißer nie verstehen wird«, sagt Tiger, »es sei denn, er ginge nach Afrika und begäbe sich in die Mitte eines Stammes.«

»Schwarze haben eine Überlebenstechnik entwickelt«, sagt Earl Woods, der seinen Sohn in einer Umgebung aufzog, »in der einem bewußt Hindernisse in den Weg gelegt werden und alles darauf angelegt ist, einem den Erfolg zu verbauen«. Die Technik lautet: »Wir lächeln und strengen uns an. Wir lachen in der Öffentlichkeit und weinen zu Hause. Es tut weh. Aber jeder Afro-Amerikaner weiß, wovon ich rede.«

Wann immer er konnte, räumte der Senior seinem Sohn die Hindernisse aus dem Weg. Und dort, wo die Schwierigkeiten unüberwindbar schienen, gab Earl seinem Sohn den Rat: Du mußt den Mund halten und sie einfach schlagen. Und so wurde Tiger Woods ein Mensch, der herausfand, wie man verletzten Stolz in Zielstrebigkeit verwandelt. »Das habe ich zwanzig Jahre lang zu erreichen versucht«, hat Earl Woods bei Gelegenheit erläutert. »Du verwandelst das nicht in Haß. Du verwandelst es in etwas Positives. Viele Athleten haben als Kinder Dinge erlebt, die in ihnen eine Feindseligkeit sondergleichen ausgelöst haben. Und wenn sie an die Spitze kommen, dann bringen sie das mit. Aber diese Feindseligkeit verbraucht Energie. Wenn du ohne dieses Gefühl klarkommst, hast du viel mehr Energie übrig, um etwas auf die Beine zu stellen.«

Erst während des Studiums in Stanford, wo Tiger ein Seminar über die Leidensgeschichte der afrikanischen Sklaven und ihrer Nachkommen belegte und anschließend halbe Nächte lang mit Kommilitonen der unterschiedlichsten Herkunft diskutierte, hat sich in seinem Kopf ein umfassendes Bild von der gesellschaftlichen Realität geformt. »Mir wurde klar, daß ich, obwohl ich, rein mathematisch betrachtet, Asiate mit nur einem einzigen Tropfen schwarzem Blut bin, in den Vereinigten Staaten zum Schwarzen gemacht werde. Und ich habe verstanden, wie wichtig es für dieses Land ist, ständig über dieses Thema zu reden.«

Der Nike-Werbespot war eine Konsequenz dieser Erkenntnis, und Woods, der bisweilen so tut, als würde er dem Thema am liebsten auf immer entrinnen, verteidigte das Resultat: »Das hat sich meines Erachtens gelohnt. Es mußte gesagt werden. Und das ging nicht auf die nette Art. Golf hat sich zu lange darum gedrückt. Einige Clubs haben Alibi-Schwarze aufgenommen. Aber grundsätzlich hat sich nichts geändert. Ich hoffe, daß das, was ich tue, tatsächlich etwas ändern wird.«

Vielleicht. Niemand bestreitet, daß der junge Woods viele Amerikaner inspiriert, die sich bis dahin nicht für Golf interessiert haben. Aber daß seine Präsenz die Skepsis überbrücken kann, die zwischen den Nachkommen afrikanischer Sklaven und den Einwanderern aus Asien sowie zwischen den privilegierten Schichten im weißen Amerika herrscht, ist kaum anzunehmen.

Rick Bradley, der bei der IMG-Konkurrenz William Morris die Sportabteilung leitet, hält den Einfluß von Woods bezogen auf das Los der Schwarzen in den USA für beschränkt: »Er spricht die MTV-Generation weit mehr an, als die Menschen in den Innenstädten« – also dort, wo nach wie vor das größte Elend unter den amerikanischen Minderheiten herrscht.

Der ehemalige Football-Profi Alan C. Page, der später Jurist wurde und inzwischen ein hohes Richteramt in Minnesota versieht und mit seiner eigenen Stiftung Schulstipendien unterprivilegierter Kinder finanziert, glaubt hingegen, daß Tiger Woods die amerikanische Gesellschaft langfristig beeinflussen kann. »Er ist ein sehr junger Mann, der viel beizutragen hat und noch viele Herausforderungen erleben wird.«

Das ist sehr wahrscheinlich. Denn das Thema wird bleiben. Vordergründig und kompliziert zugleich, und – anders als das sportliche Können und die Turniererfolge – mit der grobkörnigen Machart von Werbebotschaften nicht darzustellen. Das Thema läßt keinen Platz für Zwiespältigkeit und nicht mal für Pennäler-Witze, wie jenen, den Woods bei einem Fototermin für das amerikanische Männermagazin *GQ* erzählte. »Was ist das?« fragte er und rieb die Spitzen seiner Schuhe aneinander. Niemand wußte die Antwort, also gab Tiger Woods sie zum besten: »Ein Schwarzer, der sein Kondom abstreift.« Als der Artikel im Frühjahr 1997 erschien und die Golfzunft schwarz auf weiß zu lesen bekam, daß ihr neuer Darling nicht über umstrittenen Themen wie Rassismus und Sexismus steht, bekam der Mythos einen Knacks. Die Marketing-Strategen von IMG schoben die Public-Relations-Panne dem Magazin-Journalisten Charles P. Pierce in die Schuhe und erklärten, daß Tiger Woods seine Lektion gelernt habe. Sie lautete: Vertraue niemals den Medien.

Der Vorgang war jedoch nur ein Vorspiel zu jenem Zwischenfall, der nach dem Masterssieg die Öffentlichkeit beschäftigen sollte und Tiger Woods vorführte, daß er als dunkelhäutiger Amerikaner immer wieder in eine Schablone gepackt wird. »Wenn man mich als Afro-Amerikaner oder Asien-Amerikaner klassifiziert«, hatte er noch kurz vorher erklärt, »ist das bis auf weiteres okay. Denn Golf ist ein weißer Sport gewesen. Aber je mehr Angehörige der Minderheiten das Spiel aufnehmen und je mehr ihr Einfluß wächst, desto eher sollte sich das Thema totlaufen.«

Nach dem, was im April 1997 passiert ist, kann von Totlaufen nicht die Rede sein. Damals wurde der amerikanische Golfer Fuzzy Zoeller am Rande des Turniers von Augusta von einem Reporter des Fernsehsenders CNN gefragt, wie er die Leistung von Tiger Woods bewerte. Zoeller, auf der PGA-Tour für seine humvorvollen Sprüche bekannt, zog unbekümmert vom Leder: »Der kleine Junge spielt großartig. Er tut alles, was man tun muß, um zu gewinnen. Also, wenn er hier hereinkommt, klopft ihm auf die Schulter und gratuliert ihm, wünscht ihm viel Vergnügen. Aber sagt ihm, er soll beim Dinner im nächsten Jahr kein gebratenes Huhn servieren. Oder diesen Kohl oder was sie sonst immer auftischen.«

Das Ganze war als Anspielung gedacht: Und zwar nicht nur darauf, daß jeder amtierende Champion am Vorabend des nächsten Masters bei dem offiziellen Dinner mit den Siegern der Vergangenheit das Menü für alle bestellt. Sondern auch an das gängige Klischee von armen Südstaaten-Schwarzen und ihren kulinarischen Gewohnheiten. Als die Zoeller-Zitate eine Woche nach dem Turnier in einer Magazin-Sendung ausgestrahlt wurden, reagierte die Golf-Society indigniert. Die Resonanz war stärker als alles, was Tigers Vater Earl, der angesichts des rassistischen Klimas in den USA ein dickes Fell entwickelt hat, und viele andere erwartet hätten. »Ich nahm das Ganze als einen Witz. Aber die Sache entwickelte eine eigene Dynamik.«

Das Thema war schlichtweg heikel, denn die Nervenenden liegen im amerikanischen Golf nach wie vor bloß. Erst vor wenigen Jahren hat die PGA ihren letzten großen Konflikt erlebt, als bekannt wurde, daß sie ein wichtiges Turnier an einen Club in Birmingham/Alabama vergeben hatte, der eine strikte Mitglieder-Politik betrieb: Schwarze wurden nicht aufgenommen. Die öffentliche Debatte zwang die Organisation, ihre Bestimmungen zu ändern und Veranstalter darauf zu überprüfen, ob sie ethnische Minderheiten diskriminieren. Sie führte sogar dazu, daß nicht nur der fragliche Club – Shoal Creek – sondern auch Augusta National 1990 zum ersten Mal einen schwarzen Golfer aufnahm.

Dieser Teil ihrer Geschichte wird von den Honoratioren in Augusta allerdings gern verschwiegen. Man hält, abgesehen von der einen Masters-Woche im April, in der Tausende von wohlsituierten Besuchern das Gelände betreten, alle Türen geschlossen und läßt möglichst keine Interna nach draußen sickern. Inzwischen hat der Club zwei schwarze Mitglieder. Doch auch die reden nicht gern über delikate Fragen.

Zoeller begriff rasch, was er mit seinen unvorsichtigen Formulierungen angerichtet hatte. Es war zu spät. Sein Werbepartner, der ihm bis dahin eine Million Dollar pro Jahr gezahlt hatte, kündigte den Vertrag. Er verzichtete auf die Teilnahme an dem nächsten Turnier auf der PGA-Tour, weil sich Demonstranten angekündigt hatten, und suchte persönlichen Kontakt zu Tiger Woods, um sich bei ihm zu entschuldigen.

Der saß zur selben Zeit mit Phil Knight in der Nike-Zentrale in Oregon und ließ sich von seinem neuen Mentor beeinflussen. »Das kann warten«, sagte Knight. Hughes Norton und IMG hatten ebenfalls Zeit. Erst als Golf-Profis wie Steve Elkington und Brad Faxon, beide bei IMG unter Vertrag, sich intern über die Funkstille beklagten, akzeptierte der Woods-Clan öffentlich die kleinlaute Aussage von Zoeller, daß er sich nichts bei dem Interview gedacht habe: »Ich habe den allergrößten Respekt vor Tiger.«

Dessen Stellungnahme – »Wir machen alle Fehler, es wird Zeit, die Sache zu begraben« – gab jedoch nicht Tigers wahre Empfindung wieder.

Ein Jahr danach, wenige Tage nach dem Champions-Dinner, bei dem Tiger Woods Cheeseburger, Pommes

Frites und Milchshakes servieren ließ (Zoeller: »Sie waren vorzüglich.«), wollte es der Zufall, daß Woods und Zoeller in der zweiten Runde gemeinsam mit dem Schotten Colin Montgomerie über den Traditionsplatz in Augusta schritten. Der Jüngere zeigte dem Masterssieger von 1979 brüsk die kalte Schulter. Montgomeries Caddie erlebte die angespannte Situation aus der Nähe: »Es sah so aus, als ob sich die beiden nicht mögen.«

Tiger Woods kann es verschmerzen, sich distanziert gegenüber Kollegen und Konkurrenten zu geben. Seine Popularität überwindet bereits jetzt bisweilen auf eine interessante Weise die alten ethnischen Grenzen. Bei einem PGA-Turnier in Georgia rief ihm eine elegant gekleidete weiße Mittfünfzigerin zu: »Tiger, wenn ich dich sehe, habe ich das Gefühl, ich schaue meinem eigenen Sohn zu.«

8. Kapitel

Das Masters in Augusta: Ein Platz im Himmel

Es war ein lauer Abend, und auf der breiten Washington Road, die mit ihren neonbeleuchteten Fast-Food-Restaurants und Tankstellen in einem grellen Kontrast den berühmtesten Golfplatz der Welt säumt, herrschte wie immer Betrieb. Aber etwas war anders als sonst: Dieser Donnerstag schien rastloser. Und lauter. »Vierzig oder fünfzig Leute gingen ständig im Eiltempo die Straße auf und ab«, erinnert sich einer der Schwarzmarkthändler, die jedes Jahr im April in den Nordosten des amerikanischen Bundesstaates Georgia reisen, um das profitable Geschäft mit den Eintrittskarten für das Masters zu betreiben. Einige trugen Pappschilder mit der Aufschrift »Need Tickets«. »Zehn, wenn nicht fünfzehn Leute hielten sich im Hintergrund auf und steckten ihnen Geld zu.«

Für die hektische Aktivität draußen vor der Magnolia Lane und dem Clubhaus des Augusta National Golf Club gab es einen Anlaß: Tiger Woods. Es hatte sich in Windeseile herumgesprochen, daß er am Morgen nach einer schwachen ersten Hälfte eine Runde absolviert hatte, die ihn bereits am ersten Tag des Turniers zu einem ernsthaften Anwärter auf das Grüne Jackett machte, das am Sonntagnachmittag traditionell dem Sieger übergestreift wird und ihm für den

Rest des Lebens das Privileg garantiert, auf dem hügeligen alten Platz zu spielen.

Es gab nur ein Problem: Kaum jemand, der eines jener exklusiven 40 000 Vier-Tage-Billets besaß, die von den Veranstaltern jedes Jahr gedruckt werden, mochte sich von seinem Eigentum trennen. So trieben die plötzliche Nachfrage und das knappe Angebot die Schwarzmarkt-Preise an der Washington Road, die sich am Tag zuvor auf rund 1 500 Dollar belaufen hatten, innerhalb kürzester Zeit auf über 3 000 Dollar hoch. Einige, die es sich leisten konnten, gaben 10 000 Dollar für ein Ticket aus.

»Das war wie im Wilden Westen«, sagte ein anderer der illegalen Händler über den Abend, an dem der Schwarzmarkt von Augusta seine dunkelste Stunde erlebte.

»Was in dem Jahr passiert ist, kann man nur dämlich nennen.«

Am Freitagmorgen fand die Polizei die Leiche von Allen Caldwell. Der Geschäftsmann aus Augusta, der als Ticket-Einkäufer für das Reisebüro World Golf Hospitality in den Straßen von Augusta unterwegs gewesen war, hatte sich eine Kugel in den Kopf geschossen. Tage später berichteten die Zeitungen, wie es dazu kommen konnte: Caldwell hatte versucht, mehr als hundert fest zugesagter Eintrittskarten aufzutreiben. Als die Tiger-Woods-Manie die Preise ins Exorbitante trieb, hatte er auf einmal Schulden von 400 000 Dollar aufgetürmt.

»Das war hier mal eine große Garten-Party«, erzählt ein Ticket-Broker von der Stimmung, die einst beim Masters herrschte, und zuckt über den Atmosphären-Wechsel vom Heimeligen zum Unheimlichen die Achseln. »Inzwischen ist es nur noch kommerziell.«

Doch auf eine verblüffende Weise spiegelte im April 1997 das Geschehen auf der Straße die Ereignisse in dem traditionsreichen Kiefernhain wieder, in den der legendäre Bobby Jones Anfang der dreißiger Jahre zusammen mit dem schottischen Golfplatz-Architekten Alistair Mackenzie für eine Gruppe von wohlhabenden Unternehmern einen anspruchsvollen 18-Löcher-Platz eingebettet hatte. Als gäbe es überhaupt keinen Zweifel an seiner Bestimmung, hatte Tiger Woods vor Beginn des Turniers in der für ihn typischen Manier selbstbewußt angekündigt: »Ich bin hierhergekommen, um zu gewinnen.« Und dann hatte er sich, als es so aussah, als müsse er bereits nach neun Löchern des ersten Tages die eigenen Erwartungen ganz erheblich zurücknehmen, mit heroischem Spiel aus dem Morast gezogen. Die Wende kam am 10. Loch, als ihm der erste Birdie des Tages gelang, und setzte sich fort, als er in jenem Winkel des Platzes, der wegen seiner Schwierigkeiten den Spitznamen »Amen Corner« trägt, das Kunststück fertigbrachte, den Chip vom Rand des Grüns zu versenken (am 12. Loch) und am 13. Loch einen Eagle verschenkte. Der gelang ihm jedoch zwei Löcher weiter, nachdem sein Abschlag in die Zuschauer gesegelt, aber von dort knapp hundert Meter weiter zurück in den Fairway gerollt war. Mit seinem Tages-Ergebnis von 70 war er zwar nicht der Spitzenreiter – den Rang belegte John Huston. Aber nur drei Schläge dahinter auf Platz drei befand sich Tiger Woods in einer guten Position. In der Pressekonferenz ließ er keinen Zweifel an seinen Ambitionen.

»Tiger, kannst du das Masters gewinnen?« fragte ein Reporter.

»Ich denke, ich kann.«

Ein Teil seiner Zuversicht entsprang der intensiven Vorbereitung auf das Turnier, in dem er nach zwei Starts als Amateur zum ersten Mal als Profi antrat. Dazu gehörte, daß er sich ausgiebig mit den Siegern vergangener Jahre unterhalten hatte, mit Fred Couples, Ray Floyd, Jack Nicklaus und Arnold Palmer, und das Archiv des Golf Channel in Orlando besucht hatte, wo er alte Aufzeichnungen vom Masters in den Videorecorder schob und analysierte, wie die Sieger von einst den Platz attackiert hatten. Der Stil von Nicklaus hatte ihm am meisten imponiert, der auf den kürzeren Löchern generell damit zufrieden war, wenn er sie Par spielte, während er bei den langen Par-5-Löchern versuchte, unter dem Standard zu bleiben und Birdies zu sammeln.

Obendrein war ihm bei seinen Studien deutlich geworden, daß der Platz einen Spieler irreleiten kann. »Er sieht aus, als wäre er weit und offen. Aber wenn du die Grüns aus einem günstigen Winkel anspielen willst, dann bleibt dir nur eine ziemlich schmale Gasse. Und wenn du den Ball nah an die Fahne legen willst, dann stehen dir nur sehr kleine Bereiche zur Verfügung, und sie alle sind abseits vom Loch.«

Mit diesen Erkenntnissen ausgerüstet, produzierte er vier Tage lang Drives, die jenseits der 280 Meter in bestem Gelände ausrollten, bewältigte den Rest der Strecke mit präzisen Bogenlampen und vertraute ansonsten seinem Putter, mit dem ihm gelang, was selbst die besten Golfer der Welt auf den berühmt harten und schnellen Grüns so gut wie nie hinbekommen: Er benötigte während der vier Runden auf keinem Loch mehr als zwei Putts.

Am Abend vor dem Turnier hatte die Situation noch ganz anders ausgesehen.

»Was hältst du von meinen Putts?« hatte Tiger Woods seinen Vater gefragt, der nach einer Operation am Herzen zum ersten Mal wieder mit zu einem Turnier gereist war.

»Sie gefallen mir nicht«, lautete die Antwort.

»Was meinst du damit?« fragte Tiger. »Ich habe zwar Schwierigkeiten, die Linie richtig zu lesen, aber ich habe heute mit Ben Crenshaw gespielt. Und Ben hat gesagt, so gut habe hier in den letzten Jahren niemand mehr geputtet.«

»Ich mag sie trotzdem nicht«, beharrte Earl Woods und gab ihm eine Reihe von Ratschlägen, die die Schwungbewegung betrafen.

Als Tiger Woods die Variation mit ein paar Bällen ausprobiert hatte, war er von den Tips seines Vaters überzeugt. »Der Rest ist Geschichte«, sagt Woods Senior, der glaubt, das diese kleine Lektion am Ende den Ausschlag dafür gab, daß Woods mit der Leistung von 270 Schlägen das Turnier gewann und dabei einen alten Rekord brach, den Jack Nicklaus aufgestellt hatte. Doch wahrscheinlich hätte er nach dem erstaunlichen Comeback am ersten Tag ohnehin triumphiert. Sein Vorsprung vor dem Zweiten, dem Amerikaner Tom Kite, betrug am Ende zwölf Schläge. Einen so großen Abstand zwischen dem Champion und dem nächsten in der Wertung hatte es in der über sechzigjährigen Geschichte des Masters noch nie gegeben.

»Ich wünschte mir, er wäre in der Uni geblieben und hätte seinen Doktor gemacht«, juxte Jeff Sluman angesichts der Dominanz des Ballartisten, der erst ein Dreivierteljahr zuvor das Collegestudium in Kalifornien aufgegeben hatte, um sich ganz auf das Golfspiel zu konzentrieren.

»Er ist ein Knabe unter Männern, der den Männern zeigt, wie Männer spielen sollten«, fügte Tom Watson hinzu. Dieser »Knabe«, »der erste Champion, der sich noch nicht rasieren muß«, wie Paul Azinger spottete, ließ jedoch alles Lob ganz einfach an sich abtropfen.

»Ich muß zugeben, so gut habe ich mich noch nie gefühlt«, sagte er. »Ich denke richtig, und ich spiele gut. Aber mein bestes Golf ist das noch nicht.«

Und so ging er am Donnerstag, Freitag und Samstag nach seiner Runde unverdrossen bis zum Dunkelwerden auf die Übungswiese, um weiter an einem Schwung zu feilen, der perfekt schien. Die Arbeit trug Früchte, als er am zweiten Tag die Führung übernahm und sie nicht mehr abgab. Mit seinen Abschlägen auf den längeren Löchern tastete er sich auf eine Durchschnittsdistanz von 305 Metern vor. Von dort spielte er »strategisches Golf« und stöhnte nicht gleich, wenn ihm mal kein Birdie gelang. »Ich habe nichts erzwungen«, erklärte er nach der zweiten Runde, für die er ganze 66 Schläge benötigte, nachdem er am 13. Loch mit seinem zweiten Eagle in Führung gegangen war. Eine Position, die er an diesem Wochenende nicht mehr abgeben sollte.

Jack Nicklaus verstand als Erster, in welche Dimension der 22jährige an diesem Tag vorgedrungen war. »Es ist eine Schande, daß Bobbie Jones nicht hier ist«, bedeutete der sechsfache Masters-Gewinner. »Er hätte sich die Sätze aufsparen sollen, die er 1963 mir gewidmet hat, denn dieser junge Mann spielt ein Spiel, mit dem keiner von uns vertraut ist. Er reduziert diesen Golfplatz auf ein Nichts.«

Die Anmerkungen von Nicklaus betrafen jenen Aspekt eines Golf-Turniers, der allzuoft untergeht, nämlich, daß jeder Spieler mit seinen Schlägen zuallererst gegen den Platz antritt und erst in zweiter Linie gegen die restlichen Teilnehmer, die in Gruppen von Zweien oder Dreien vor ihm und hinter ihm die 18 Löcher absolvieren.

Doch die Leistung von Tiger Woods hatte natürlich ihren Einfluß auf die anderen Profis, die auf dem selben schweren Platz mit weit mehr Schwierigkeiten zu kämpfen hatten. Der Schotte Colin Montgomerie, seit Jahren der beste Europäer, der aber in den USA bei Großereignissen regelmäßig den Endspurt verpatzt und bekannt ist für seine säuerlichen Kommentare, hoffte vergeblich, als er sich am Samstag zusammen mit Woods auf den Weg machte, daß der Jungspund unter dem Druck der Situation Nerven zeigen würde. Seine eigenen Vorzüge seien schließlich auch etwas wert: »Ich habe viel mehr Erfahrung als er und hoffe, ich kann sie unter Beweis stellen.«

Und was war das Ergebnis? Woods kehrte mit einer 65 ins Clubhaus zurück, dem niedrigsten Resultat des Tages, mit dem er seinen Vorsprung auf den Zweiten im Feld auf neun Schläge ausbaute. Montgomerie stolperte eine 77er Runde zusammen und rutschte ins Nichts. Erneut hatten sich seine Hoffnungen auf einen Erfolg in einem Major-Turnier in Luft aufgelöst.

Der Samstag hatte auf grandiose Weise gezeigt, wovon Tiger Woods gesprochen hatte, als er vor Beginn des Turniers verkündete: »Bei einem Major mußt du Golf essen, trinken, denken, träumen. Ich bin in der Lage, mich einfacher in diesen Zustand von Besessenheit zu versetzen als ein älterer Spieler. Sie kennen das alles seit Jahren und beschäftigen sich in ihrem Leben nebenbei noch mit ganz anderen Dingen.«

Wie konzentriert Tiger Woods an die selbst gestellte Aufgabe ging, beeindruckte seinen Trainer Butch Harmon. Der hatte ein Jahr zuvor hilflos zugesehen, wie sein zweiter prominenter Schützling, der Australier Greg Norman, am letzten Tag in einem spannenden direkten Zweikampf gegen den Engländer Nick Faldo eines der größten sportlichen Disaster in der Geschichte des Golfsports fabrizierte und einen Vorsprung von sechs Schlägen und den sicher geglaubten Sieg verspielte.

Dennoch riskierte er bereits am Donnerstagabend im Kreise seriöser Gesprächspartner aus der Golfindustrie eine gewagte Prognose: »Der Junge wird diese Woche gewinnen.« Nach der zweiten Runde begegnete er vor dem Clubhaus einem aufgekratzten Nike-Boß. »Großartiges Coaching«, strahlte Phil Knight und umarmte den Trainer. »Darauf haben wir die ganze Woche gewartet. Er sorgt dafür, daß wir ungeheuer intelligent aussehen.« Knight war begeistert: »Er ist jeden Pfennig wert, den wir ihm bezahlen.«

Beide waren sie zwei Nebendarsteller in einem Drama, in dem sich ein jugendlicher Held in seine eigene Spielweise verliebt und einer staunenden Zuschauerschaft verkündet, daß diese Form des Narzißmus die größte Befriedigung von allen böte.

Nebendarsteller Nummer vier saß in dem Augenblick in dem Haus, das die Familie für die Zeit in Augusta gemietet hatte, und verfolgte das Geschehen am Fernsehschirm. Er litt an den Folgen seiner schweren Operation und hätte in einem Krankenhausbett liegen sollen. Doch der alte Soldat wollte in einem Moment wie diesem nicht einfach aufgeben.

»Es war schon immer mein Ziel gewesen, beim Masters dabei zu sein und meinen Sohn zu erleben, wenn er zum ersten Mal als Professional das Turnier bestreitet«, schrieb er Monate später in seiner Autobiographie. »Also nahm ich meinen Arzt mit. Und der untersuchte mich jeden Tag und wechselte den Verband. Ich war nicht in der Lage, den Platz abzulaufen. Aber ich war da und sprach jeden Abend mit Tiger darüber, wie er gespielt hatte und welche Strategie am nächsten Tag zu verfolgen war.«

Ein Tag blieb noch. Ein Tag, der ihm die Gelegenheit gab, die berühmtesten 18 Löcher auf dem hügeligen Platz, die allesamt nach Blumen, Bäumen oder Sträuchern benannt sind, in eine einzige Ehrenrunde zu verwandeln. Sein Partner: der Italiener Costantino Rocca, obwohl Zweiter, nur ein Statist. Sein einziger ernsthafter Gegner: das Buch der Rekorde von Augusta, in das er an diesem Nachmittag genüßlich eine neue Bestmarke nach der anderen eintrug. Die Sache mit der Statistik war ihm wichtig. Tiger Woods wollte nicht nur das 61. Masters gewinnen. Er wollte in die Geschichte des amerikanischen Golfsports eingehen.

Und Earl Woods wollte es von nahem erleben und seinen Sohn am 18. Loch begrüßen, wie er dies seit Jahren selbst bei weniger bedeutenden Wettkämpfen tat. »Ich weiß noch, daß ich völlig erschöpft war, aber ich war so aufgedreht«, erinnerte er sich später an den größten Moment in seinem Leben und das surrealistische Gefühl, als er sah, wie zuerst ein weißer Ball aus der Senke vor dem 18. Grün herausgeschossen kam und zehn Meter hinter der Fahne liegenblieb. Dann sah er seinen Sohn, dessen Kopf sich bei den letzten Schritten von der Menge der Zuschauer absetzte, die sich wie in Kaskaden hinter ihm formiert hatten.

Es ging nicht mehr um viel, als Tiger den ersten Putt am Loch vorbeischob und den zweiten verwandelte – der Sieg stand schon lange fest. Doch seine

Körpersprache signalisierte etwas anderes: Nach Tagen äußerster Konzentration war dies der erste Augenblick, in dem er das Gefühl genießen konnte, das ein solcher Triumph unweigerlich freisetzt. Er riß die Faust hoch und tanzte auf einem Bein. Er wechselte ein paar Worte mit seinem Caddie Fluff Cowan. Und dann verließ er das Grün und ging geradewegs auf seinen Vater zu und fiel ihm in die Arme.

»Wir haben es geschafft«, entfuhr es dem alten Mann, der zwanzig Jahre seines Leben in die Entwicklung seines Sohnes zu einem Ausnahmesportler investiert hatte.

»Wir haben es geschafft, Pop«, jubelte der neue Champion und fing an zu weinen.

»Laß es raus. Laß es raus«, flüsterte Earl seinem Sohn ins Ohr. Das Werk war vollbracht. Und 45 Millionen Menschen in Amerika sowie ein paar Millionen mehr in Übersee hatten es miterlebt.

Die Symbolik, die in diesem Erfolg lag, war nicht zu übersehen: Woods war der erste dunkelhäutige Spieler, der tief im Süden der USA, wo es bis in die sechziger Jahre öffentliche Rassendiskriminierung gegeben hatte, gegen das schlimme Klischee von der Überlegenheit der Weißen angetreten war und es besiegt hatte. Er war der jüngste Gewinner in der langen Geschichte des Turniers. Und er hatte einen Platz bezwungen, der als einer der schwersten in der Welt gilt, auf dem die besten zufrieden sind, wenn sie den Platzstandard von 72 erreichen.

Seine Überlegenheit sprach Bände. Sie entsprang seiner Fähigkeit, den Ball weiter zu schlagen als jeder andere, etwas, das ihm gestattete, den Ball aus einer kürzeren Distanz hoch und sicher auf die Grüns zu legen. Die Folge war: Ein Jahr später meldeten sich zahlreiche Stimmen, die vorschlugen, den traditionsreichen Platz zu modifizieren. Das Ansinnen klingt einleuchtend. Wer möchte, daß ein einziger Spieler das einzige der vier Grand-Slam-Turnier beherrscht, das jedes Jahr auf demselben Kurs ausgetragen wird? Colin Montgomerie, der noch immer seinem ersten Erfolg bei einem Grand-Slam-Turnier hinterherläuft, hätte nichts dagegen: »Wenn Tiger 60 Prozent seines Könnens aufbietet, gewinnt er. Erst recht, wenn er gut puttet.«

»Ich kann mir gut vorstellen, daß der Kurs in den nächsten Jahren schwieriger gemacht wird. Bunker, Bäume oder Rough – das sind wohl die Optionen«, fügte Tom Kite hinzu, der 1997 den zweiten Platz belegt hatte. Einzig der weise Jack Nicklaus hielt nichts von der Idee, willkürlich an einem Platz zu basteln, der im Laufe der Jahrzehnte einen unverwechselbaren Charakter bekommen hatte. Sein Urteil lautete kurz und bündig: »Das wäre völlig falsch.«

Was Alistair MacKenzie und Bobby Jones in Georgia hinterlassen haben, ist nämlich nicht irgendein Golfplatz, sondern eine Hindernisbahn für denkende Spieler. Eine Anlage, die, wie Jones mal gesagt hat, einem »Bogeys leicht macht, wenn man sie ganz offen ansteuert, Pars ohne weiteres gestattet, wenn man gut spielt«, und bei der man sich »Birdies, außer auf den Par-5-Löchern, teuer erkaufen« muß.

Der Preis-Leistungs-Vergleich führt gleich am ersten Abschlag zu Seelenprüfungen der extremen Art. Fuzzy Zoeller hat das erste Loch mal als »das größte natürliche Abführmittel der Welt« bezeichnet. Jack Burke, der Gewinner von 1956, bekam ein Gefühl, als ob er »den ersten Schritt auf einem Hochseildraht über die Niagara-Fälle« wage. Das 360 Meter lange Par-4-Monster wird auf dem rechten Drittel des Fairways von einem endlosen und tiefen Bunker flankiert und produziert Durchschnitts-Scores, die für ein Profi-Event nachgerade beschämend wirken: über vier Schläge.

Nicht alle Abschläge bereiten ähnliche Kopfschmerzen. Aber alle Bahnen stellen einem irgendwelche golferischen Nickligkeiten in den Weg. Mal ist es Rae's Creek, jener Bachlauf, der die drei Bahnen der »Amen Corner« durchzieht (die Löcher 11, 12 und 13). Mal eine Kiefer wie die auf dem Fairway von Loch 17, die der engagierte Hobby-Golfer und US-Präsident Dwight D. Eisenhower gern gefällt hätte.

Was den Spielern jedoch vor allem zu schaffen macht, sind die Grüns. »In Augusta«, sagte Greg Norman vor ein paar Jahren in aufgesetzter Golfer-Prosa, »versuchst du, eine Zielfläche von einem Quadratmeter zu treffen. Denn wenn du den Ball zu weit schlägst, stirbst du. Schlägst du ihn zu kurz, stirbst du ebenso.«

Tiger Woods erlebte ein Jahr nach seinem triumphalen Erfolg zwar keine Todesahnungen. Dennoch zeigte sich, daß selbst ein Mann mit seinem athletischen Kaliber das Masters nicht automatisch als sein persönliches Eigentum reklamieren kann wie Boris Becker einst den Centre Court von Wimbledon. Als er im April 1998 bei böigen Windverhältnissen mit einer bewußt defensiven taktischen Linie in das Turnier ging, um seinen Ball nicht in die zahllosen Bunker und die tückischen Wasserhindernisse zu befördern, fiel er rasch ins Mittelfeld zurück, während der 58 Jahre alte Jack Nicklaus, den inzwischen eine Hüftverletzung plagt, noch einmal ganz groß aufspielte. Woods lag mit einem Gesamtergebnis von 285 fünfzehn Schläge schlechter als bei seinem Sieg, belegte aber immerhin den achten Platz.

Ein solches Abschneiden ließ denn auch zum ersten Mal das Gerede vom Grand Slam verstummen, gegen das Tiger Woods eigentlich nichts hat, weil er es sich durchaus zutraut, in einem einzigen Jahr alle vier großen Turniere zu gewinnen. In den letzten Jahren hat es keinen Spieler gegeben, der die unterschiedlichen Schwierigkeiten der Plätze gleichermaßen hätte meistern können. Das Beste, was jemand erreichen konnte, war der Doppelerfolg von Mark O'Meara, Woods' bestem Freund auf der Tour. Der siegte 1998 in Augusta und bei den British Open.

Woods wäre froh, wenn er demnächst überhaupt mal wieder eines der prestigeträchtigen Turniere gewinnen könnte. Sein bestes Resultat seit seinem spektakulären Sieg: der dritte Rang hinter O'Meara bei den British Open.

Die Zukunft hat begonnen

Es war Mittagszeit am »Tiger Woods Media Day«, und die kleine Runde saß im Restaurant des Bay Hill Club von Orlando zu einer »informellen Diskussion« zusammen. Was Amerikas populärster Golfer und eine Gruppe von zwölf handverlesenen Journalisten unter diesem Motto zusammengeführt hatte, war eine Initiative der Strategen von IMG. Sie hatten die Einladung organisiert, die Medienvertreter ausgewählt und ihnen das Ganze als eine ideale Gelegenheit schmackhaft gemacht, den neuen Superstar, der hinter den Mauern einer Prominentensiedlung lebt und Leibwächter beschäftigt, in einer Atmosphäre zu erleben, bei der »man einander Fragen stellen kann und sich gegenseitig besser kennenlernt«.

Die Aktion war wohl überlegt und verfolgte ein übergeordnetes Ziel: Sie sollte guten Willen zeigen. Denn Tiger Woods, so schrieb ein Reporter, der zu der Audienz anreiste, ist es bis heute nicht gelungen, eine »komplett harmonische Beziehung zur Presse« zu entwikkeln. Ein Problem, so wissen Marketing-Experten, das sich nicht mit Turniererfolgen und intelligenten Werbespots überspielen läßt.

Es begann mit einem großen Porträt im Männer-Magazin *GQ*, das die Messias-Sprüche seines Vaters verspottete und verriet, daß der Ausnahme-Golfer schmutzige Witze liebt. Und es setzte sich fort mit einem kleinen Buch voller Kritik an der Woods-Vermarktung aus der Feder des erfolgreichen Sport-Autors John Feinstein. Dem folgte der *National Enquirer*, das berühmte Klatschblatt, auf dem Fuße und verstimmte den jungen Star mit kleinen Artikeln, die sein Privatleben zum Thema hatten. Etwas, was Woods nicht gewohnt war, weil Sportjournalisten diesen Bereich gewöhnlich geflissentlich ignorieren.

»Wenn ich mit meinen Freunden ausgehe oder ins Kino, dann ist das zwar für einige Leute ein großes Ereignis. Aber ich bin dagegen, daß es in der Zeitung steht. Ich will mein Privatleben nicht in der Öffentlichkeit ausbreiten.« Doch niemand irritiert Woods so sehr wie der Kolumnist der in Golf-Kreisen vielgelesenen Lokalzeitung *Orlando Sentinel*: »Ich weiß nicht, was sein Problem ist«, wunderte sich Tiger Woods in Bay Hill mit dem Gestus des Wunderkindes, das Applaus gewohnt ist und Kritik nur vertragen kann, wenn sie aus dem Mund seines Vaters oder seiner Mutter kommt. »Aber er hat, seitdem ich Profi wurde, noch kein gutes Wort über mich geschrieben.«

Er – das ist Larry Guest – und seine Einstellung zu Woods sind zwar nicht repräsentativ für die Stimmungslage im Land, aber bezeichnend für die Situation, in die die Medienmaschine IMG ihren Schützling gebracht hat. Denn fast immer, wenn Guest etwas auszusetzen hat, steckt die Agentur dahinter. Mal weil sie entscheidet, daß Woods erst kurzfristig vor einem Turnier der PGA-Tour seine Teilnahme ankündigen soll. Mal weil sie ihn darin unterstützt, keine Autogramme zu geben (Woods stieß nach seinem Masters-Sieg seinen Kollegen Billy Andrade vor den Kopf, als er es ablehnte, einen Golfball zu signieren, den Andrade bei einer Wohltätigkeitsveranstaltung für sozial gefährdete Jugendliche versteigern wollte. »Ich setze meine Unterschrift nicht auf Golfbälle«, lautete die kategorische Antwort). Oder die seltsame Sturheit, mit der Woods nach dem Masters-Sieg die Fuzzy-Zoeller-Affäre in die Länge zog und keine Anstalten machte, die Entschuldigung seines Kollegen zu akzeptieren. Viele Beobachter hatten den Eindruck, dies sei das Verdienst von Hughes Norton gewesen, der mit Zoeller noch eine Rechnung aus vergangenen Tagen offen hatte.

Doch für solche Zusammenhänge hat Tiger Woods kein Ohr. Seine Betrachtungsweise ist simpler. Sie kreist um ihn und seinen Bauchnabel und das »Problem«: »Der Mann kennt mich überhaupt nicht. Er veröffentlicht all diese Unterstellungen, obwohl er mich nur zu fragen bräuchte, und wir würden darüber reden. Aber das hat er noch nie getan. Ich sehe das folgendermaßen: Wenn mich jemand kennengelernt hat, dann kann er schreiben, was er will. Aber solange das nicht der Fall ist, sollte er nicht auf mich schießen.«

Die Worte klangen banal. Denn tatsächlich gibt es kaum einen Journalisten, der direkten Zugang zu Woods hätte. Interviewgesuche sortiert IMG vor und lehnt 99,9 Prozent mit einer Standardantwort ab. Und von denjenigen, mit denen er spricht, haben sich die wenigsten als kritisch genug erwiesen. Wenn Woods an diesem Tag tatsächlich ein paar Brücken hätte schlagen wollen, dann hätte er nur Larry Guest einzuladen brauchen, der ein paar Kilometer weiter arbeitet. Doch die Veranstalter wollten etwas anderes erreichen. Nach dem Prinzip Zuckerbrot und Peitsche sollte eine kleine Gruppe von Journalisten mit dem Gefühl belohnt werden, den Magier mit dem weißen Ball in ungezwungener Atmosphäre zu erleben und mit ihm eine lockere Runde Golf zu spielen.

Und der Termin sollte noch etwas anderes bewerkstelligen: Er sollte den Eindruck verbreiten, daß sich Tiger Woods nach ein paar Monaten im Scheinwerferlicht bereits als Opfer des Rummels um seine Person fühlt. Der ehemalige US-Open-Sieger Curtis Strange, der das Geschehen im Golfsport mittlerweile aus der Perspektive des Fernsehkommentators verfolgt, plädierte für Mitleid: »Er hat in einem Jahr den Status eines Michael Jordan erreicht. Etwas, was noch kein Golfspieler erlebt hat. Jack Nicklaus, Arnold Palmer, Greg Norman waren am nächsten dran. Aber auch die wissen nicht, was Tiger zur Zeit mitmacht. Und wir genausowenig.«

Wenn Woods entspannt ist, wirkt er intelligent, ehrlich und wortgewandt, redet über sein Spiel genauso wie über die Politik hinter den verschlossenen Türen der PGA-Tour und erzählt von seinen Begegnungen mit anderen Sportstars wie dem Baseball-Profi Ken Griffey jr. und Basketball-Supermann Michael Jordan. Aber wenn er mal in Fahrt kommt, entblättert er ungewollt auch die andere Seite. Woods ist noch nie bescheiden gewesen. Etwas, was die amerikanische Verhaltenskultur jedoch von ihren Idolen schlichtweg erwartet. Und sei es nicht echt, sondern nur gespielt. Sie wollen, daß jemand voller Respekt von den legendären Figuren der Vergangenheit spricht, daß er bereitwillig Autogramme gibt und Pressekonferenzen abhält und immer wieder seinen Dank dafür abstattet, daß ihm das Spiel so viel gegeben hat, was ihm auf anderem Wege nicht widerfahren wäre.

Wie viele Menschen in Tigers Alter beseelt ihn die Gewißheit, daß er alles besser weiß, was ihn und sein Leben im Rampenlicht betrifft. Typisch war sein Verhalten bei den US Open 1997 in Bethesda, wo er in der ersten Runde ins Feld abrutschte und den wartenden Medienvertretern kurzangebunden beschied, daß er nicht die Hauptperson sei und deshalb nicht für Fragen zur Verfügung stehe. Die Situation wirkte grotesk. Der berühmteste Golfer der Welt zog sich in die Umkleidekabine zurück und wies seine Leibwächter an, niemanden hineinzulassen, was ein Verstoß gegen die Regeln der PGA-Tour war und wofür er wenige Tage später gerügt wurde. Eine einzige Reporterin konnte ihm auf dem Weg zum Auto ein paar Erkenntnisse abringen. Die längste Antwort bestand aus sieben Worten. Dann setzte er sich ins Auto und verließ die Anlage. Er hatte vergessen, was ihm der alte Arnold Palmer, ein Mann, der noch immer jedes Jahr mehr als zehn Millionen Dollar aus seinen Werbeverträgen bezieht, einige Monate zuvor gesagt hatte, als sich Tiger Woods bei ihm darüber beklagt hatte, daß ihm die Öffentlichkeit nicht gestatte, ein ganz normaler Junge zu sein. »Tiger«, hatte ihm Palmer, ein Mann mit gütigen Augen und einem natürlichen Gespür für Public Relations, geantwortet. »Normale Jungen haben keine fünfzig Millionen Dollar auf der Bank.«

Normale Jungen spielen auch nicht mit dem Hollywood-Schauspieler Kevin Costner Golf oder mit Magic Johnson Basketball. Ihnen wird nicht nachgesagt, daß sie eine Liaison mit einem Super-Model wie Tyra Banks haben. Und sie investieren nicht drei Millionen Dollar in ein kleines Grundstück in einer bewachten und abgeriegelten Villengegend mit angeschlossenem Golfplatz, wo sie so prominente Sportkameraden wie den Basketball-Profi Anfernee Hardaway von den Orlando Magic treffen.

Normale Jungen erhalten nicht alle paar Wochen 2 000 Golfbälle frei Haus geliefert, damit sie jeden Tag üben können. Und sie haben nicht ihren eigenen Buggy mit eingebautem CD-Spieler.

Normale Jungen bekommen keine Heiratsanträge von wildfremden Frauen auf dem Golfplatz und sehen sich nicht mit zig Nachrichten auf dem Anrufbeantworter konfrontiert, wenn sie abends ins Hotel kommen. Sie müssen sich niemals in ihrem Leben die Frage stellen, die Tiger Woods schon seit einer Weile durch den Kopf geht: »Weshalb wollen so viele Leute einen Teil von mir haben?«

Warum? Weil er mehr ist als ein Star, der die Leute auf dem Jahrmarkt der Eitelkeiten für kurze Zeit in Atem hält. Tiger Woods ist eine Figur geworden, die Millionen von Menschen die Illusion gibt, daß es in einer zynisch gewordenen Welt noch Idole geben kann, die nicht von innerer Unzufriedenheit zerfressen sind und nicht überheblich und egozentrisch wirken.

Oder wenn, dann in Maßen und auf eine humorvolle Weise. So wie damals, als ein älterer Mann ihn an dem Abend, als ihm die Auszeichnung für den Collegespieler des Jahres zuteil wurde, ansprach und sagte: »Ich glaube, du wirst ein ganz Großer. Aber das sind mächtig große Schuhe, in die du schlüpfen mußt.« Was sagte Tiger Woods? »Ich habe große Füße.«

Sollten die Fans jemals hören, wie er sich mit seinem Agenten Hughes Norton unterhält, auch wenn das humorvoll gemeint ist, sie würden den 22jährigen vermutlich nicht mehr so arglos akzeptieren:

»Tiger, sie wollen wissen, wann du das Interview machen kannst.«

»Sag ihnen, sie können mich am Arsch lecken.«

»Gut. Und was sage ich ihnen dann?«

»Sag ihnen, sie sollen mich noch einmal am Arsch lecken.«

Sein Verstand verleiht ihm die Gewißheit, daß er mit den Situationen fertig werden wird, in denen ein berühmter Mann sein wahres Gesicht zeigt. Und mit den vielen kleinen inneren Widersprüchen auch. »Egal, wie groß die Geschichte noch wird. Man hat mir beigebracht, nie zu vergessen, woher ich komme. Sportler sind keine Gentlemen mehr so wie früher. Und das gefällt mir nicht. Mir behagt die Idee durchaus, ein Vorbild zu sein. Denn das ist eine Ehre. Es gibt so viele Leute, die mir geholfen haben, als ich klein war. Und das hat mein Leben beeinflußt. Dafür möchte ich mich bei den Kindern von heute revanchieren.«

Tatsächlich sieht man mehr Kinder denn je unter den Zuschauern, wenn er spielt. Wovon Timothey W. Finchem, der Geschäftsführer der PGA-Tour, sehr angetan ist. Genauso wie von der Begeisterung, die die vielen neuen Turnierbesucher mitbringen. »Unsere Sponsoren haben berichtet, daß er den Eintrittskartenverkauf ankurbelt. Gleich bei der ersten Fernsehübertragung eines Turniers, an dem er teilnahm, gingen die Einschaltquoten hoch. Er ist rundum ein Plus für uns. Seine Aura ist positiv. Seine Leistungen sind unglaublich, und das wäre an sich schon sensationell, ganz abgesehen von den anderen Dingen wie seinem Alter und seiner Abstammung. Er dürfte einen substantiellen Einfluß auf die Entwicklung der Sportart haben, wenn er so weiterspielt.«

Schon jetzt steht fest, daß die gesamte PGA-Tour von dem Tiger-Boom profitiert. Wenige Wochen nach seinem Masters-Sieg war Finchem in der Lage, neue Fernsehverträge auszuhandeln, die es der Tour erlauben, höhere Preisgelder auszuloben. Während bis dahin für ein Turnier im Durchschnitt 1,7 Millionen Dollar zur Verfügung standen, schwellen die Prämientöpfe demnächst auf durchschnittlich 3,5 Millionen Dollar an.

Neben dem enormen finanziellen Effekt hat das Auftauchen von Tiger Woods nach Ansicht vieler Experten auch das sportliche Niveau der Tour gehoben. Ganz so, wie es Tom Lehman nach dem Masters-Sieg prophezeit hatte: »Tigers Leistung zwingt jeden von uns dazu, sich zu steigern. Anderenfalls fallen wir weit hinter ihn zurück.« Gegen einen Profi, dem es immer nur um das eine geht – ums Gewinnen – und der mit unablässigem Fleiß trainiert, hilft nämlich nur eine Taktik: härter arbeiten und besser spielen.

Das gilt natürlich auch für Tiger Woods, der sein Potential mit Sicherheit noch nicht ausgeschöpft hat, aber noch besser werden muß, wenn er so viele Grüne Jacketts wie Jack Nicklaus gewinnen will. Alle großen Golfer, mit Ausnahme von Bobby Jones, der vorher mit dem Leistungssport Schluß gemacht hatte, weil es zu seiner Zeit noch keine Profi-Turniere gab, zeigten erst jenseits der 30 eine Beständigkeit, die es ihnen gestattete, in fast jedem bedeutenden Turnier, egal auf welcher Art von Parcours, um den Titel zu kämpfen. Niemand kann sagen, wie gut Tiger Woods werden wird oder ob ihn eines Tages angesichts seiner Ersparnisse der Ehrgeiz abhanden kommen und er die Lust verlieren wird, an seinen Schlägen zu feilen. Das vermag weder Jack Nicklaus zu beurteilen, der dem Nachwuchsspieler zutraut, innerhalb der nächsten zwanzig Jahre noch viele der Bestmarken zu brechen, die er im Laufe seiner Karriere aufgestellt hat, noch Earl Woods, der jahrelang der Motor der Entwicklung war und nun, nachdem der Zögling auf eigenen Beinen steht, mit seinen Ratschlägen nur noch selten etwas ausrichten kann. Das einzige, woran er sich halten kann, ist das, was sein Sohn neulich einer Gruppe von Kindern erklärt hat, die sich zu einer Golflektion der gemeinnützigen Tiger-Woods-Stiftung eingefunden hatten: »Im Golf gibt es keine Abkürzungen. Genauso wie es im Leben keine Abkürzungen gibt. Ihr müßt für alles arbeiten. Träumt große Träume und behaltet sie für euch. Träume sind das, was einen von den anderen unterscheidet. Wenn man seine Träume aufgibt, gibt man die Hoffnung auf. Und ohne Hoffnung ist man niemand.«

ANHANG

Tiger Woods in Daten und Zahlen

Die Biographie in Stichworten

Mit 10 Monaten –
Tiger Woods hält zum ersten Mal einen eigens für ihn abgesägten Golfschläger in der Hand.

Mit 2 Jahren –
Der erste Fernsehauftritt in einer Nachrichtensendung in Los Angeles. Reporter Jim Hill wagt eine Prognose: »Dieser Junge wird für Golf das werden, was Jimmy Connors und Chris Evert im Tennis sind.«

Mit 3 Jahren –
Der Wunderkind-Mythos beginnt. Tiger Woods wird in die TV-Sendung *Mike Douglas Show* eingeladen und begegnet Gästen wie dem Komiker Bob Hope und dem Hollywood-Schauspieler Jimmy Stewart. Wenig später erklärt das Management des Long Beach Navy Golf Course seinem Vater, Tiger dürfe nicht auf den Platz. Die Begründung: Er sei zu jung.

Mit 4 Jahren –
Der erste Birdie – eine Zwei auf einem 80-Meter-Par 3 in Heartwell Park in Long Beach.

Mit 5 Jahren –
Die TV-Sendung *That's Incredible* wird auf das Talent aufmerksam. Vor laufender Kamera erklärt Tiger Woods: »Wenn ich groß bin, schlage ich Jack Nicklaus und Tom Watson.«

Mit 8 Jahren –
Der erste bedeutende Turniersieg gegen ältere Gegner bei den International Junior World Championships.

Mit 11 Jahren –
Tiger schlägt zum ersten Mal seinen Vater bei einer Trainingsrunde auf dem Long Beach Navy Golf Course.

Mit 13 Jahren –
Earl Woods registriert Tigers fünftes Hole-in-One.

Mit 14 Jahren –
Sportpsychologe Jay Brunza stößt zum Team. Zweiter Platz bei der PGA National Junior Championship, Tiger erreicht das Halbfinale der amerikanischen Juniorenmeisterschaften und qualifiziert sich damit für die US-Amateurmeisterschaften.

Mit 15 Jahren –
Tiger Woods begegnet bei einem Wohltätigkeitsturnier in Los Angeles zum ersten Mal Jack Nicklaus und wird wenig später in Bay Hill in Orlando zum ersten Mal amerikanischer Juniorenmeister, der jüngste Titelgewinner in der Geschichte.

Mit 16 Jahren –
Earl Woods sucht die Zusammenarbeit mit Butch Harmon, der das Können seines Sohnes verfeinern soll. Tiger nimmt im Riviera Country Club von Los Angeles zum ersten Mal an einem Turnier der Profis teil. Er ist der jüngste Spieler in der Geschichte der PGA-Tour.

Mit 17 Jahren –
Tiger Woods erreicht bei den Amateurmeisterschaften die Runde der letzten 32 und gewinnt zum dritten Mal in Folge den Junioren-Titel.

Mit 18 Jahren –
Mit dem Sieg bei den Amateurmeisterschaften in Sawgrass/Florida stellt Woods eine weitere Bestmarke auf: So jung wie er war noch kein Titelträger. Nach dem Abschluß der High School wechselt er an die Universität Stanford in Palo Alto/Kalifornien und reist mit dem US-Walker-Cup-Team ins walisische Porthcawl zum Match gegen Großbritannien.

Mit 19 Jahren –
Tiger Woods geht zum ersten Mal beim Masters in Augusta an den Start und holt sich wenig später in Newport/Rhode Island zum zweiten Mal den Siegespokal bei den US-Amateurmeisterschaften.

Mit 20 Jahren –
Nach einem 22. Platz bei den British Open und dem dritten Amateur-Titel in Folge beschließt Woods, das Studium aufzugeben und Profi zu werden. In seinem ersten Turnier belegt er Platz 60, gewinnt 2 544 Dollar und produziert am letzten Tag ein Hole-in-One.

Mit 21 Jahren –
Tiger Woods durchbricht eine Marke, die einst als Schallmauer galt: die Gewinnsumme von 1 Million Dollar. Dies gelingt ihm innerhalb von neun Turnieren – so schnell wie noch niemandem zuvor. Wenig später erreicht er den bisherigen Höhepunkt seiner Karriere: den Sieg beim Masters in Augusta.

Leistungskurve

Ein idealer Maßstab für die sportliche Entwicklung von Tiger Woods sind die Resultate, die er bei den Turnieren der PGA-Tour und den von der PGA-Tour sanktionierten Majors erreicht hat. Woods fing früh an – bereits im Alter von 16 Jahren, als er aufgrund seines Amateur-Status noch keine Prämien annehmen durfte. Seit seinem Wechsel zu den Profis im September 1996 hat sich das Bild gewandelt. Heute gehört er zu den Spitzenverdienern.

---

* = Woods verzichtete auf die weitere Teilnahme
** = vierte Runde wegen Regen abgesagt
*** = Turnier mit fünf Runden
**** = Woods gab verletzt auf

Turnier		Platz-standard	Score pro Runde 1.	2.	3.	4.	Resultat	Platz	Preisgeld in US-Dollar
PGA-Tour 1992									
27.2–1.3.	Nissan Open	71	72	75			147 (+5)	Cut	Amateur
PGA-Tour 1993									
25.–28.2.	Nissan Open	71	74	78			152 (+10)	Cut	Amateur
11.–14.3.	Honda Classic	72	72	78			150 (+6)	Cut	Amateur
13.–16.5.	Byron Nelson Classic	70	77	72			149 (+9)	Cut	Amateur
PGA-Tour 1994									
7.–20.3.	Nestle Invitational	72	80	77			157 (+13)	Cut	Amateur
9.–12.6.	Buick Classic	71	75	70			145 (+3)	Cut	Amateur
30.6–3.7.	Western Open	71	74	75			149 (+7)	Cut	Amateur
PGA-Tour 1995									
6.–9.4.	The Masters	72	72	72	77	72	293 (+5)	41	Amateur
15.–18.6.	US Open	70	74	74	****				Amateur
6.–9.7.	Western Open	72	74	71	79	69	293 (+5)	57	Amateur
20.–23.7.	British Open	72	74	71	72	78	295 (+7)	68	Amateur

Turnier		Platz-standard	Score pro Runde 1.	2.	3.	4.	Resultat	Platz	Preisgeld in US-Dollar
PGA-Tour 1996									
11.–14.4.	The Masters	72	75	75			150 (+6)	Cut	Amateur
13.–16.6.	US Open	70	76	69	77	72	294 (+14)	82	Amateur
18.–21.7	British Open	71	75	66	70	70	281 (-3)	22	Amateur
29.8–1.9.	Greater Milwaukee Open	71	67	69	73	68	277 (-7)	60	2.544
5.–8.9.	Canadian Open	72	70	70	68	**	208 (-8)	11	37.500
12.–15.9.	Quad City Classic	70	69	64	67	72	272 (-8)	5	42.150
19.–22.9.	B.C. Open	71	68	66	66	**	200 (-13)	3	58.000
2.–6. 10.	Las Vegas Invitational	72	70	63	68	67 64***	332 (-27)	1	297.000
10.–13.10.	Texas Open	72	69	68	73	67	277 (-11)	3	81.600
17.–20.10.	Walt Disney Classic	72	69	63	69	66	267 (-21)	1	216.000
24.–27.10.	Tour Championship	70	70	78	72	68	288 (-8)	21	55.800
							Gesamtgewinnsumme:		790.594
							(Platz 24 der Money List des Jahres 1996)		
PGA-Tour 1997									
9.–12.1.	Mercedes Championships	72	70	67	65	**	202 (-14)	1	216.000
23.–26.1	Phœnix Open	71	68	68	67	72	275 (-9)	18	20.250
30.1.–2.2.	Pebble Beach ProAm	72	70	72	63	64	269 (-19)	2	167.200

Turnier		Platz-standard	Score pro Runde 1.	2.	3.	4.		Resultat	Platz	Preisgeld in US-Dollar
27.2.–2.3.	Nissan Open	71	70	70	72	69		281 (-3)	20	14.600
20.–23.3.	Bay Hill Invitational	72	68	71	71	68		278 (-10)	9	42.000
27.–30.3.	Players Championship	72	71	73	72	73		289 (+1)	31	20.300
10.–13.4.	The Masters	72	70	66	65	69		270 (-18)	1	486.000
15.–18.5.	Byron Nelson Classic	70	64	64	67	68		263 (-17)	1	324.000
22.–25.5.	The Colonial	70	67	65	64	72		268 (-12)	4	70.400
29.5.–1.6.	The Memorial	72	72	75	74	**		221 (+5)	67	3.800
12.–15.6	US Open	70	74	67	73	72		286 (+6)	19	31.915
19.–22.6.	Buick Classic	71	72	72	71	72		287 (+3)	43	4.568
3.–6.7.	Western Open	72	67	72	68	68		275 (-13)	1	360.000
17.–20.7.	British Open	71	72	74	64	74		284 (Par)	24	17.362
7.–10.8.	Buick Open	72	72	68	70	68		278 (-10)	8	43.500
14.–17.8.	PGA Championship	70	70	70	71	75		286 (+6)	31	13.625
21.–24.8.	World Series of Golf	70	67	72	69	70		278 (-2)	3	114.400
4.–7.9.	Canadian Open	70	70	76				146 (+6)	Cut	–
16.–19.10.	Walt Disney Classic	72	66	71	70	71		278 (-10)	25	10.650
22.–26.10.	Las Vegas Invitational	72	68	64	77	71	75***	355 (-5)	33	8.663
30.10.–2.11.	Tour Championship	71	69	68	75	69		281 (-3)	12	97.600

Geamtgewinnsumme: 2.066.833
(Platz 1 der Money List des Jahres 1997)

Turnier		Platz-standard	Score pro Runde 1.	2.	3.	4.	Resultat	Platz	Preisgeld in US-Dollar
PGA-Tour 1998									
8.–11.1.	Mercedes Championships	72	72	67	69	64	272 (-16)	2	149.600
28.1.–1.2.	Pebble Beach ProAm	72	76	72	*		148 (+4)		–
5.–8.2	Buick Invitational	72	71	66	68	**	205 (-11)	3	109.200
26.2.–1.3.	Nissan Open	71	68	73	65	66	272 (-12)	2	226.800
5.–8.3.	Doral-Ryder Open	72	70	69	71	73	283 (-5)	9	48.000
19.–22.3.	Bay Hill Invitational	72	64	70	73	77	284 (-4)	13	37.500
26.–29.3.	Players Championship	72	72	73	73	72	290 (+2)	35	18.886
9.–12.4.	The Masters	72	71	72	72	70	285 (-3)	8	89.600
7.–10.5.	BellSouth Classic	72	69	67	63	72	271 (-17)	1	324.000
14.–18.5.	Byron Nelson Classic	70	65	71	69	67	272 (-8)	12	52.500
28.–31.5.	The Memorial	72	70	74	71	73	288 (Par)	51	5.148
18.–21.6.	US Open	70	74	72	71	73	290 (+10)	18	41.833
25.–28.6.	Western Open	72	76	67	69	69	281 (-7)	9	49.225
16.–19.7.	British Open	70	65	73	77	66	281 (+1)	3	222.075
6.–9.8.	Buick Open	72	71	67	69	68	275 (-13)	4	79.200
13.–16.8.	PGA Championship	70	66	72	70	71	279 (-1)	10	69.000

Gesamtgewinnsumme: 1.522.567
(Platz 4 der Money List des Jahres 1998, Stand: 19. 8. 1998)

Im Vergleich

Die erfolgreichsten Golfspieler aller Zeiten und die Zahl ihrer Siege bei den vier Major-Turnieren

	Masters	US Open	British Open	PGA Championship
Jack Nicklaus	6	4	3	5
Walter Hagen		2	4	5
Gary Player	3	1	3	2
Ben Hogan	2	4	1	2
Tom Watson	2	1	5	–
Harry Vardon	–	1	6	–
Bobby Jones	–	4	3	–
Gene Sarazan	1	2	1	3
Sam Snead	3	–	1	3
Arnold Palmer	4	1	2	–
Lee Trevino	–	2	2	2
Nick Faldo	3	3	–	–
Tiger Woods	1			

Weitenjäger

Die Distanzen, die Tiger Woods mit seinen Schlägern anvisiert

60-Grad-Wedge (Lob Wedge)	bis zu 90 Meter
Sand Wedge	90 bis 110 Meter
Pitching Wedge	110 bis 130 Meter
Eisen Neun	130 bis 140 Meter
Eisen Acht	140 bis 150 Meter
Eisen Sieben	150 bis 160 Meter
Eisen Sechs	160 bis 170 Meter
Eisen Fünf	170 bis 180 Meter
Eisen Vier	180 bis 190 Meter
Eisen Drei	190 bis 200 Meter
Eisen Eins	200 bis 230 Meter
Holz Drei	230 bis 260 Meter
Driver	alles jenseits von 260 Metern

Register